创办你的企业

START YOUR BUSINESS

创业计划手册

（乡村创业版）

中国就业培训技术指导中心　组织编写

中国劳动社会保障出版社

图书在版编目(CIP)数据

创办你的企业：乡村创业版．创业计划手册/中国就业培训技术指导中心组织编写．--北京：中国劳动社会保障出版社，2019
ISBN 978-7-5167-3913-6

Ⅰ.①创…　Ⅱ.①中…　Ⅲ.①企业管理-职业培训-教材　Ⅳ.①F272

中国版本图书馆 CIP 数据核字（2019）第 034820 号

中国劳动社会保障出版社出版发行

（北京市惠新东街 1 号　邮政编码：100029）

*

北京市艺辉印刷有限公司印刷装订　　新华书店经销
890 毫米×1240 毫米　16 开本　7.75 印张　151 千字
2019 年 3 月第 1 版　2023 年 1 月第 4 次印刷
定价：24.00 元

营销中心电话：400-606-6496
出版社网址：http://www.class.com.cn

版权专有　　侵权必究

如有印装差错，请与本社联系调换：（010）81211666
我社将与版权执法机关配合，大力打击盗印、销售和使用盗版图书活动，敬请广大读者协助举报，经查实将给予举报者奖励。
举报电话：（010）64954652

前　言

农民是天然的创业者，他们在家种植养殖，外出打工，自主选择，不等不靠，用心经营，吃苦耐劳，凭借自己提供的产品和劳动力，顽强而灵活地面向市场谋生存。农村的每个家庭都是一个独立的经济实体，在市场经济的海洋中飘荡起伏，并承担自主经营带来的一切后果。在政府大力推动扶贫攻坚、乡村振兴等国家战略的背景下，在互联网经济、农村电商的新形势下，有效利用农业资源返乡创业，成为越来越多农民的务实选择。然而，很多农民会种会养不会卖，年年辛勤劳作，手里却总存不住钱，粗放经营、低收益似乎成为农业经营的常态。

如何帮助农民了解市场规律，掌握经营技巧，推动农产品优化、升级，走规模化、品牌化的道路，进而不断提高农业创业的经营效益，将是创业培训工作者们的重要责任，《创办你的企业（乡村创业版）》教材正是承载着这样的使命出版。

一、教材体系构成

《创办你的企业（乡村创业版）》教材由三本书构成：

《创办你的企业（乡村创业版）——创业意识手册》主要介绍创业的入门知识，提高学员对企业、市场和自我的认知，找到并确定最适合自己的企业想法。

《创办你的企业（乡村创业版）——创业计划手册》系统介绍经营企业的要点和规律，帮助学员利用所学知识将企业想法转化成一份可操作的创业计划书。

《创办你的企业（乡村创业版）——创业计划书》供学员编写计划书时使用。通过编写计划书，对所选创业项目进行系统、周密的规划。

二、教材具体内容

《创办你的企业（乡村创业版）》教材全部内容有十个步骤，每一步都以创业过程中遇到的典型问题作为标题，便于学习时把握重点。

《创办你的企业（乡村创业版）——创业意识手册》中包括第一步和第二步内容。

第一步　你适合创办企业吗　主要讲授什么是企业，成功创办小微企业的关键因素，以及如何增强自己的创业能力。在这个过程中，学员还可以通过做练习测试自己是否适合创业。

第二步　你如何找到一个好的企业想法　主要讲授企业有哪些类型，小微企业的成功要素，如何产生创业想法，分析并筛选出可行的企业想法，确定一个最适合自己的创业想法。

《创办你的企业（乡村创业版）——创业计划手册》中包括第三步至第十步内容。

第三步　如何评估你的市场　主要讲授如何了解顾客和竞争对手，怎样制订市场营销计划，如何预测企业产品的销售量。

第四步　如何组织你的企业人员　主要讲授企业的人员组成，确定岗位职责，选聘合适的员工。

第五步　如何选择你的企业法律形态　主要讲授什么是企业法律形态，常见企业法律形态的特点，如何选择一种适合自己企业的法律形态。

第六步　了解你的企业的法律环境和责任　主要讲授企业的法律环境，企业需要承担的登记注册、依法纳税、维护职工权益等法律责任，以及如何通过参加商业保险来降低企业风险。

第七步　如何预测你的启动资金　主要讲授启动资金的类型以及怎样进行投资和流动资金预测，预测你需要多少钱才能把你的企业开办起来。

第八步　如何制订你的利润计划　主要讲授怎样制定销售价格，预测销售收入，制订销售与成本计划和现金流量计划，通过什么渠道融资。

第九步　如何判断你的企业能否生存　主要讲授为什么要编制创业计划书，怎样编写创业计划书，衡量自己的企业能否创办下去，并制订开办企业的行动计划。

第十步　如何面对你即将开办的企业　主要讲授企业创办以后有哪些日常工作，下一步该做什么。

三、图标及关键词含义说明

教材中出现的小图标和关键词代表着不同类别的内容。

"记住"是对重点知识的提示，帮助学员把握学习要点，加深对所学知识的理解和记忆。

"拓展"是对教材正文内容的补充与扩展。讲师可根据需要讲授，也可供学员自己阅读。

是创业故事的标志。本教材讲述了王强和刘丽的创业故事，他们在创业过程中遇到的各种问题与教材中所讲知识点相对应，帮助学员更加直观、形象地理解所学内容。

"练习"紧密结合讲授内容，用以帮助学员加深对内容的理解，巩固所学知识。

"实践"是有关学员自己的练习，内容密切结合学员自己的创业实践，具有更强的实战性,这部分内容最终可汇总到创业计划书中。

四、教材编写说明

本教材是在 2009 年版《创办你的企业(农村劳动力版)》教材基础上,在有关专家的共同努力下改编完成的。尚虹完成第一步和第二步内容的编写,郑晓瑾完成第三步和第四步内容的编写,何敏完成第五步和第六步内容的编写,高爱兰完成第七步和第八步内容的编写,叶仁平完成第九步和第十步内容的编写;刘银来完成"王强和刘丽的创业故事"内容的编写;余天好、黄虹辉、陈志勇完成练习题和《创业计划书》内容的编写。石科明完成全套教材的统稿工作。此外,刘旭明、王清阁、陈志勇完成全套教材的编审工作。在此一并致谢。

中国就业培训技术指导中心
2019 年 3 月

目 录

第三步　如何评估你的市场　　1

一、了解你的顾客　　1
二、了解你的竞争对手　　5
三、制订你的市场营销计划　　7
四、预测你的销售量　　15
小结　　19

第四步　如何组织你的企业人员　　20

一、企业人员的组成　　20
二、确定岗位职责　　22
三、选聘合适的员工　　24
小结　　25

第五步　如何选择你的企业法律形态　　27

一、什么是企业法律形态　　27
二、常见法律形态的特点　　27
三、选择适合的企业法律形态　　30
小结　　32

第六步　了解你的企业的法律环境和责任　　33

一、了解企业的法律环境　　33
二、明确企业要承担的法律责任　　34

三、选择企业的商业保险	40
小结	41

第七步　如何预测你的启动资金　　42

一、启动资金的类型	42
二、投资预测	43
三、流动资金预测	45
小结	49

第八步　如何制订你的利润计划　　51

一、制定销售价格	51
二、预测销售收入	57
三、制订销售与成本计划	58
四、制订现金流量计划	63
五、筹资渠道	69
小结	75

第九步　如何判断你的企业能否生存　　76

一、为什么要编制创业计划	76
二、完成你的创业计划书	78
三、你可以开办企业了吗	79
四、制订开办企业的行动计划	81
小结	83

第十步　如何面对你即将开办的企业　　84

一、企业的日常活动	84
二、下一步做什么	88
小结	89

实践 90

实践 16	确定你的目标顾客	90
实践 17	确定你的竞争对手并做出优势分析	91
实践 18	准备你的市场营销计划——产品	93
实践 19	准备你的市场营销计划——价格	94
实践 20	准备你的市场营销计划——地点	95
实践 21	准备你的市场营销计划——促销	96
实践 22	选择预测销售量的方法	97
实践 23	预测你的销售量	98
实践 24	确定你的企业需要的员工	99
实践 25	选择你的企业法律形态	100
实践 26	明确你的企业要承担的法律责任	101
实践 27	预测你的企业的启动资金	102
实践 28	制定你的产品或服务的销售价格	106
实践 29	预测你的企业的销售收入	107
实践 30	制订你的企业销售与成本计划	108
实践 31	制订你的企业现金流量计划	109
实践 32	你做好开业准备了吗	110
实践 33	制订开办企业的行动计划	112

第三步　如何评估你的市场

通过前两步的学习，你已经有了明确的企业想法。现在，你需要学习市场营销知识，以此来判断你要创办的企业所生产的产品或提供的服务有没有市场，确定企业的发展方向，并且明确谁是你的顾客、他们需要什么、你怎样满足他们的需求并从中获取利润。

在这一步，你将学习怎样识别潜在顾客，了解他们为什么选择购买你的产品或服务，而不购买你的竞争对手的产品或服务。你可以利用这方面的信息准备你的市场营销计划，你的市场营销计划是你的创业计划中的一个重要部分。

为了制订切合实际的市场营销计划，你首先要了解你的顾客（即市场需求）和竞争对手（即供给）两个方面的情况，也就是通常所说的市场调查。

一、了解你的顾客

1. 什么是顾客

顾客就是购买你的产品或服务的组织或个人。凡是已经购买和可能来购买你的产品或服务的组织或个人都可以被认为是你的顾客。

2. 了解顾客的意义

顾客是企业生存的根本，如果你不能以合理的价格向他们提供所需要的产品或服务，他们就会去别处购买。对你提供的产品或服务感到满意的顾客会成为你的回头客，他们甚至会向自己的朋友和其他人宣传你的企业。让顾客满意，往往会给你带来更多的销售收入和更高的利润。

顾客购买产品或服务是为了满足自己不同的需求：

- 他们购买漂亮衣服，是为了使自己的外表更美丽。
- 他们购买电视机，是为了获得信息和娱乐。
- 他们购买防盗门，是为了居家安全。
- 他们购买农具，是为了从事农业生产。

没有顾客，你的企业就会倒闭！

3. 确定你的目标顾客

目标顾客是指企业提供的产品或服务所针对的对象，是产品或服务的直接购买者或使用者。面对众多的顾客，你需要知道未来的顾客中谁有可能购买你的产品或服务，他们在哪里，他们有没有共同的特点，你的企业需要针对哪些群体开展营销活动。也就是说，你需要弄明白哪些群体才是你的目标顾客。

你至少需要完成以下两个步骤来确定你的目标顾客：

步骤一：根据顾客需求及购买习惯的不同对其进行分类，并描述每类顾客的特点和范围。

步骤二：选择一类或多类顾客作为你要了解或选择进入的目标市场。

 记 住

如果你解决了顾客的问题，满足了他们的需求，你的企业就有可能成功。

4. 了解顾客的有关信息

要了解顾客的有关信息，你需要做顾客方面的市场调查，这对于完成任何创业计划都是很重要的。为了更详细、更准确地了解顾客的情况，你可以提出下面这些问题：

- 你的企业准备满足哪些顾客的需求？把你准备提供的产品或服务列一张清单，并记录顾客需要的产品或服务的种类。
- 你的顾客是男人还是女人，是老人还是儿童？其他企业也可能成为你的潜在顾客。
- 顾客想要什么产品或服务？他们最关注产品或服务的哪些方面，是规格、颜色、质量，还是价格？
- 顾客愿意为每种产品或每项服务付多少钱？
- 顾客在哪儿？他们喜欢在实体店购物还是在网上购物？
- 顾客一般在什么时间购物？多长时间购一次物，每年、每月，还是每天？他们每次购买的数量是多少？
- 顾客数量在增加吗？能保持稳定吗？
- 顾客为什么会购买某种特定的产品或服务？
- 顾客是否在寻找有特色的产品或服务？
……

记 住

在做顾客方面的市场调查时，你要努力获取上述问题的可靠答案，这对于你判断你的企业想法是否可行非常有帮助。

5. 收集顾客信息的方法

做顾客需求调查、收集顾客信息可以采用以下方法：

- 经验推测法。

- 抽样调查法。
- 观察分析法。

记住

市场调查的过程就像一个侦探在寻找破案的线索。如果你发现你准备创办的企业没有多少顾客，你就要再构思一个新的企业想法。

王强和刘丽的创业故事（七） 调查顾客需求

王强的表弟郭二宝在城里一家大型企业做销售工作。趁郭二宝回家探亲之际，王强夫妇与他交流了办企业的想法，并向他请教如何进行顾客需求调查。经过深入交流，王强夫妇从表弟那里学到了很多知识。他们一致认为，现在无论是农村家庭还是城市家庭，人们对于既好用又好看、绿色环保的柳编工艺制品普遍比较喜爱，这类产品的市场前景应该会不错。但是在企业创办初期，依据小微企业的创办原则，应该先集中做一个市场，比如面向花卉市场和水果市场供应价格便宜、样式新颖、有地方特色的柳编花篮和果篮等。

王强的表弟还建议他们在企业立足后可以将发展重点转向公司客户，如花卉批发公司、工艺品公司、贸易公司等。这类客户对市场比较了解，除选样订货外，一般还会指定所需款式，订货量也比普通商店大，付款比较有把握，企业面临的风险小。另外，现在很多外国朋友也非常喜爱中国的民族工艺品，未来他们还可以开发国外市场。可惜表弟马上要回城工作，了解顾客需求的具体工作还得由王强夫妇亲自去做。

王强夫妇需要考虑的事情很多，如做什么样式、怎么做、向谁推销和怎么推销，以及包装、运输、收款、信息收集等。他们决定每天带上学习企业管理专业的儿子王小明一起去做市场调查。

王强家方圆100千米内有几处花卉市场和水果市场，为了提高效率，他们决定分头去跑，每天尽可能多跑几个市场。他们认真观察人们都喜欢买什么样式、材质、大小、风格的篮子，成交价是多少。而且，他们还设法向花店和水果店老板打听流行的柳编花篮或果篮的进货价、付款方式等信息。他们每天回来后都抓紧记录当天收集到的信息，作为参考。

收集顾客信息的方法还有很多，你在做顾客需求调查时可以依据自己的经验，采用更适合自己的方法。你对顾客信息掌握得越多、越准确，就越有利于你做出正确的企业决策。

完成第90页的实践16，确定你的目标顾客。再斟酌一下你的企业想法，把你的潜在顾客的特点记录下来，充实你的企业想法。

二、了解你的竞争对手

1. 了解竞争对手的意义

做市场调查，只了解你的顾客的情况是不够的，你还需要了解你的竞争对手的情况。

通过了解竞争对手的优势、特点和不足，你可以学到很多东西，做到知己知彼；通过观察他们做生意的方法，你可以得到关于怎样将企业想法变成现实的启发。

记 住

不要把竞争对手当作敌人，而要把他们看作教会自己竞争的老师！

2. 确定你的竞争对手

竞争对手的产品或服务与你的产品或服务类似，竞争对手与你的企业有共同或相近的市场，与你的企业有利益冲突，且对你的企业构成一定威胁。

从广义上讲，所有与你的企业争夺同一目标顾客群体的企业都可视为你的竞争对手，但事实上只有那些有能力与你的企业抗衡的竞争者才是你真正的竞争对手。

通常情况下，你可以从以下三个方面来确定你的竞争对手：

- 与你的企业在同一区域内。
- 与你的企业有共同的目标顾客群体。
- 其经营对你所占有的市场份额有一定影响。

3. 了解竞争对手的有关信息

你可以通过回答下列问题来了解竞争对手的情况：

- 他们提供的产品或服务的价格怎样？
- 他们提供的产品或服务的质量如何？
- 他们如何推销产品或服务？
- 他们提供什么样的增值服务？
- 他们的位置是在地价昂贵的地方还是在地价便宜的地方？
- 他们使用的设备先进吗？
- 他们的雇员接受过培训吗？待遇好吗？

- 他们做广告吗？
- 他们怎样分销产品或服务？
- 他们的优势和劣势是什么？
- 他们是否利用互联网进行销售？
- 如果经营的是新鲜农产品，他们是怎样解决物流保鲜问题的？

……

整理你通过调查收集到的信息，然后回答下列问题：

- 成功的企业有相似的运作方式吗？
- 成功的企业有相同的价格策略、服务、销售或生产方法吗？

4. 收集竞争对手信息的方法

收集竞争对手信息的方法与收集顾客信息的方法相同，你可以根据竞争对手的情况参照使用。

王强和刘丽的创业故事（八） 收集竞争对手的信息

王强用了半个月时间，以联系业务的名义走访了邻近几家柳编制品加工厂，对这些企业的情况有了大致的了解。除此以外，他还托亲戚朋友根据他列出的简单调查表打听到一些其他企业的基本情况。

王强发现，镇上的6家柳编制品加工厂都是家庭式的个体小企业。做得早的企业已经经营5年了，但多数开工不到1年。这些企业大多不雇用人员，都是家庭成员参与生产，

只有一家企业规模较大，雇用了6名员工。企业的生产设备简单，年产量最少的不到4 000个，最多的近10 000个，平均年产量大约6 800个。这些企业所生产的产品零售价为25~28元，每家生产3~4个品种，款式大同小异，仿制率较高，没有多少创新。产品价格的区别主要源于规格不同，另外，外观、颜色、运输距离和销售环节多少等因素对价格也会有些影响。这些企业很少做广告，基本上都是等生意上门，也没有设计产品商标。这些企业都没有开办自己的零售店，产品要么直接销售给花店或水果店，要么等花

篮或果篮批发商上门收购。

对于外省市的柳编制品加工企业的情况，王强和刘丽没有足够多的时间和经费去打探，打算边干边了解。他们在网络上了解到，本地及周边地区对于柳编花篮和果篮的年需求量约10万个。而过去的一年里，邻近的这几家柳编制品加工厂向本地及周边地区共输送了5万多个柳编花篮和果篮，这说明外来产品数量占据了大约一半的市场份额。此外，他们还进一步了解到，外地产品的样式和价格与本地产品有些差异，质量上略好一些，样式、规格上更丰富一些，价格上要贵一点。王强和刘丽推测，外地的竞争对手应该也是些小型作坊，只是起步早一些。王强计划以后抽时间到外地一些企业实地看一看。

经过这样一番打探，夫妇俩对开办一家柳编制品加工厂更有信心了，也有了更多的办企业的想法。当然，他们也感到了压力，但他们相信，只要自己努力去做、用心去做，就一定能做好。

记 住

"知己知彼，百战不殆。"掌握竞争对手的信息越多，对你越有利。但是要注意，收集竞争对手的信息往往十分困难，进行调查时要讲究方式、方法。

完成第91~92页的实践17，确定你的竞争对手并做出优势分析。

三、制订你的市场营销计划

在掌握了顾客和竞争对手的情况后，你便可以着手准备你的市场营销计划了。制订市场营销计划时，你需要从产品（Product）、价格（Price）、地点（Place）、促销（Promotion）四个方面考虑：
- 向你的顾客提供他们需要的产品或服务。
- 为你的产品或服务制定顾客愿意支付的价格。
- 向你的顾客提供便于其购买你的产品或服务的场所。
- 为你的顾客传递有关你的产品或服务的信息，吸引他们购买。

这四个方面通常被称为市场营销组合策略，简称"4P组合策略"。

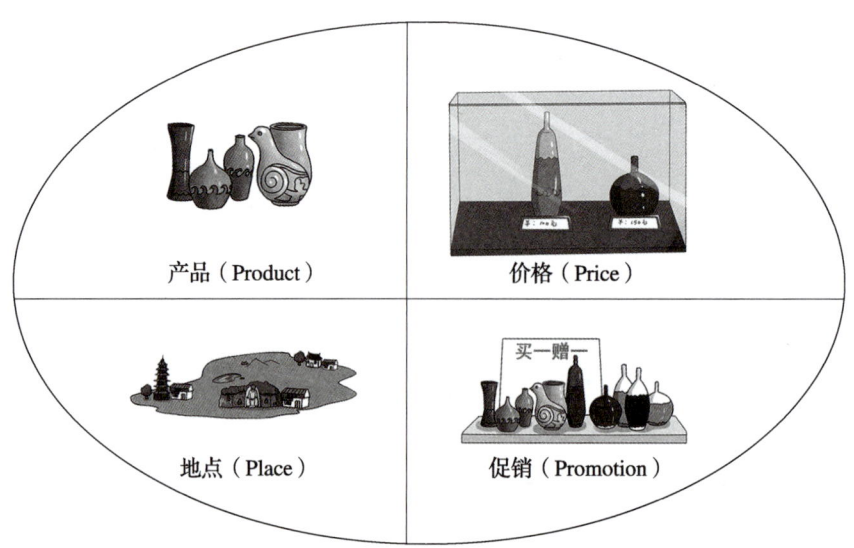

1. 产品

产品是指你计划向顾客销售的东西。

如果你开办的是一家制造旋耕机的企业，那么生产出来的旋耕机就是你的产品；如果你代理销售各类农机具，那么各类农机具就是你的产品；如果你提供农机修理服务，那么农机修理服务就是你的产品。

此外，产品的概念还包括与产品有关的其他属性，如产品质量、产品包装、产品配送等。具体来说，一个完整的产品属性一般包括三个层次，如下图所示。

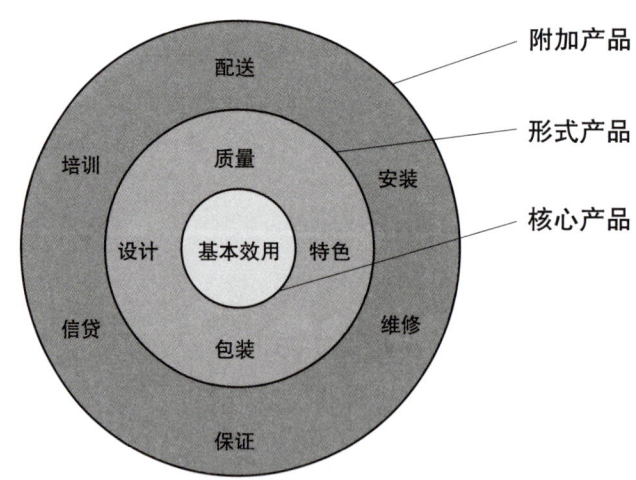

例如，你开办了一家绿色生态养鸡场，销售土鸡蛋，那么，你向顾客提供的核心产品就是土鸡蛋的营养价值，你向顾客提供的形式产品就是土鸡蛋的质量认证标识、精美的外包装设计和安全防震的包装盒等，你向顾客提供的附加产品就是对土鸡蛋的质量承诺、便捷的配送服务以及土鸡蛋的营养知识介绍等。

王强和刘丽的创业故事（九） 产品策略

王强和刘丽了解到，随着生活条件的不断改善，人们越来越追求生活品位，他们在送鲜花和水果时已不仅仅满足于鲜花好看、水果名贵，对盛装鲜花和水果的篮子的要求也越来越高。还有些顾客将造型新颖的柳编篮当作装饰品摆在家中供观赏。

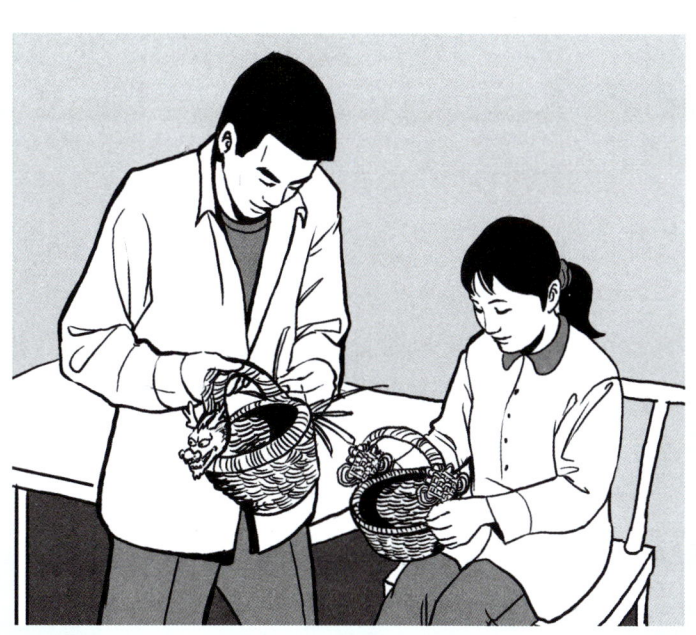

根据了解到的信息，夫妇俩制定出他们的产品策略：

● 核心产品——柳编制品结实耐用，适合做花篮和果篮。柳编篮的装载量和规格是花店、水果店老板看重的产品核心属性。

● 形式产品——花篮和果篮在造型上要新颖美观，在颜色上要色彩丰富，突出河南中原文化特色。他们考虑让学美术的外甥女帮忙设计提手的造型，如中国结的样式、奥运五环的样式、龙头的样式等，使他们的产品能够在市面上众多柳编制品中突显出来，吸引顾客的注意力。

● 附加产品——对于当地买家，他们计划送货上门；而对于外地订单，他们准备推出快递到家的服务。此外，他们还准备增加果篮回收、免费提供礼品标签等服务。

 完成第93页的实践18，记录下你将出售的产品信息。

2. 价格

在确定产品之后，你要为其定价。价格是你要用产品换回的钱数，但实际收入还会受其他因素影响，如产品打折和赊销等。制定产品价格时，你必须了解：

● 你的产品的成本。
● 顾客愿意出多少钱买你的产品。
● 竞争对手同类产品的价格。

在本教材第八步中，你还要学习如何核算产品的成本。现在，你要收集顾客愿意出的价格，列出竞争对手的价格，估算你的合理利润，然后预估你认为合适的价格。

王强和刘丽的创业故事（十） 价格策略

王强和刘丽在市场调查过程中发现，顾客对于自己喜欢的篮子只会在认为价格合适时才购买，而花店或水果店老板也只有在觉得有钱赚时才会积极进货和销货。因此，他们给商家的批发价以及商家给顾客的零售价都会对他们的产品销售量产生很大影响。目前，他们只知道自己做一个篮子大概要多少成本，对其他情况还不太清楚。因此，他们决定把调查记录整理出来，从了解到的零售价出发，往回推算批发价和成本价。

经过整理，他们发现顾客在买一个与他们的产品规格近似的篮子时要花25~30元，商家一般在进货价上加价25%~50%，竞争对手一般在产品成本价上加价40%~55%。据此，刘丽认为，在当前市场条件下，他们的产品要想有一个较好的销售前景，那么给商家的批发价就不能高于21元。如果要像竞争对手那样加价的话，他们每一个柳编制品的成本就必须控制在15元之内。

完成第94页的实践19，记录下你为自己的产品确定的价格。

3. 地点

地点是指你把自己的企业设在什么地方。创办的企业类型不同，选择地点时应考虑的因素也就不同。

如果你计划创办一家零售店或一家服务企业，把营业地点设在离顾客较近的地方对你来说非常重要，这样便于顾客光顾你的店。一般来说，如果你的竞争对手离顾客较近，顾客就不会跑很远的路来光顾你的店。

而对于制造商来说，企业位置离顾客远近并不是最重要的，重要的是企业获得生产所需的原材料是否便捷。也就是说，企业应该设在离原材料供应商较近的地方。另外，能够获得低租金的厂房对于制造商来说也很重要。而且，制造商还应考虑环保问题、土地和水域的资源利用问题、员工招聘的难易问题等。

选择地点时你还要考虑产品的分销方式和运输问题。仅仅生产好的产品是不够的，你还须使顾客能够很方便地得到产品。

分销是指采用什么样的方式使顾客很方便地得到你的产品。一般来说有如下方式：

- 直销——指制造商直接把产品销售到顾客手中，减少了中间环节。例如，农民把自己种植的蔬菜、水果直接卖给顾客。
- 零售——指制造商把产品卖给零售商，零售商又把产品卖给顾客。例如，家具厂把家具卖给家具专卖店，家具专卖店再把家具卖给顾客。
- 批发——在这种方式中，制造商以追求销售量为目标，把大量产品批发给批发商，批发商又把产品转卖给零售商，零售商再把产品卖给顾客。例如，服装厂把成衣卖给服装批发商，服装店从服装批发商那里进货后再把货卖给顾客。

直销

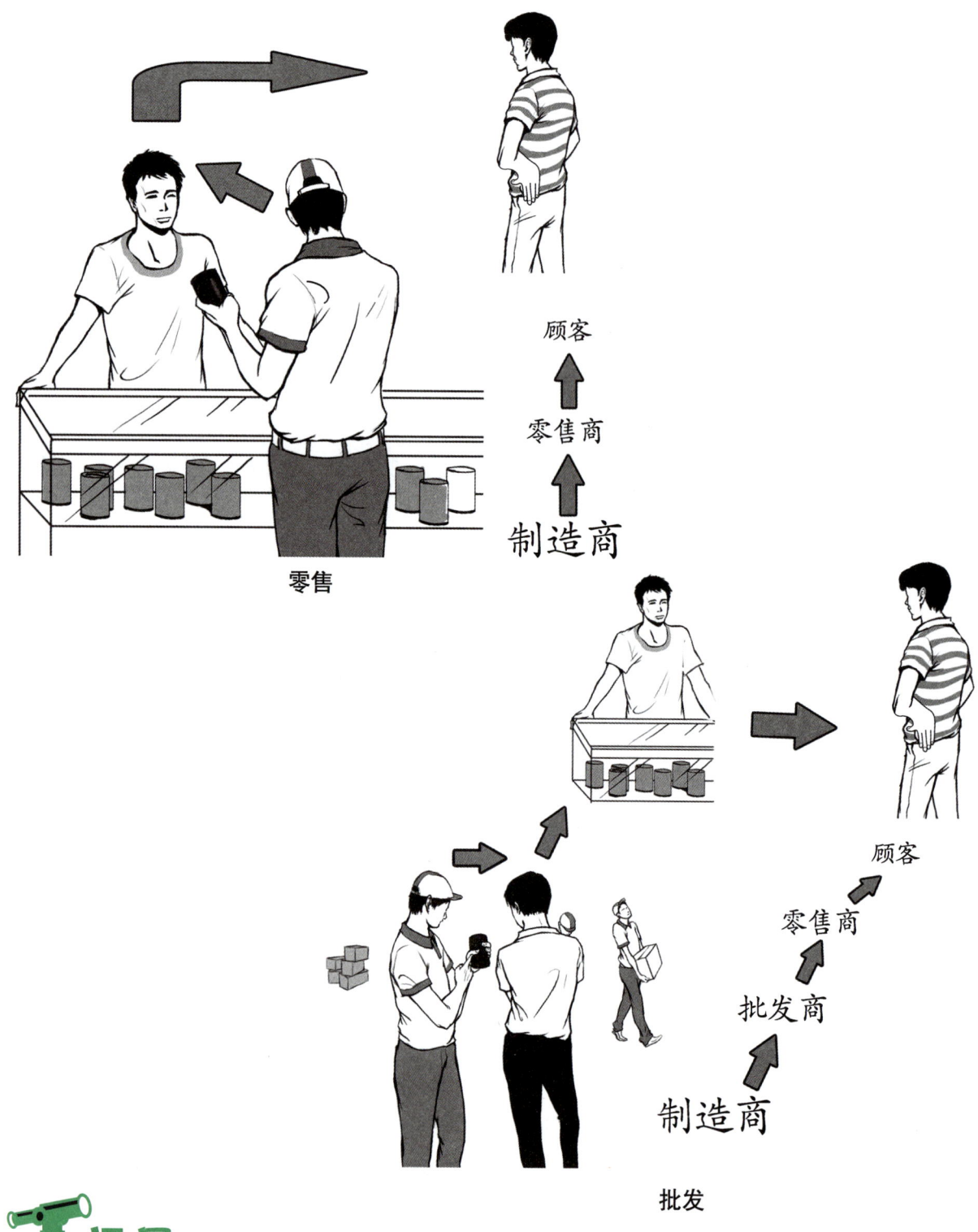

零售

批发

拓展

随着互联网技术的应用,企业营销活动中出现了新的分销渠道——网络分销。你可利用网络平台完成信息沟通、线上支付和产品配送等工作,突破地点、时间或中间商的限制。

虽然有了网络分销这种渠道,传统的销售渠道仍旧十分重要,你要充分发挥各种渠道之间互补、合作的作用,从而提高效率、增加销售量。

王强和刘丽的创业故事（十一） 地点策略

王强一家住在祖上留下的大瓦房里，外面有一个宽敞的院子，王强认为，做柳编篮工艺并不复杂，设备也不需要很多，自家的这块地足够用了。王强和刘丽在院子里挖了一个地窖，作为柳编篮的生产场所（柳编生产用料需经浸泡后在地窖中编织，这样不易折断），又专门腾出一间屋子作为仓库，存放柳编成品。

地点选好后，王强和刘丽开始考虑销售的问题。开业初期，因为他们一家三口都参与生产，所以没有太多时间把产品拿到集市上去零售。他们打算用两种方式进行销售，一种是批发给上门来的收购商和旅游产品商店，另一种是批发给花店和水果店。

等到产品在市场上有了一定的知名度、产量也有了一定的规模时，他们计划推出送货上门服务。针对批发商，他们可以临时租辆送货车送货，一次可以送很多产品；针对零售商，他们可以利用购置的一辆旧摩托车一家一家地送货。这样不仅可以在开业初期节约资金，还可以及时收集到顾客对产品的反馈信息。

完成第95页的实践20，记录下你的企业的开办地点和准备采用的分销方式。

4. 促销

促销是指把你的产品信息传递给顾客，吸引他们来购买你的产品的活动。促销通常有以下四种方式：

● 广告——向你的顾客提供产品信息，使他们有兴趣购买你的产品。你可以通过报纸、杂志、广播、电视等途径做广告，也可以使用招贴画、小册子、铭牌、价格表和名片，以及App、论坛、微信、QQ等为你的企业和产品做广告。

● 人员推销——企业派出销售人员与可能购买你的产品的人交谈，说服他们购买你的产品，以达到促进和扩大销售的目的。

● 营业推广——当顾客来到你的企业或以其他方式与你接触时，你要想方设法让他们购买你的产品。营业推广的手段很多，例如，你可以通过醒目的陈列、展示、活动吸引顾客，也可以采用买一赠一等方式来刺激顾客的购买欲。

● 公共关系——企业为改善与社会公众的关系，争取公众对企业的了解和支持，树立良好的企业形象，促进商品销售而进行一系列的促销活动。企业的公关活动主要有宣传类活动、交际类活动、赞助类活动、服务类活动、科普类活动、公关特别节目等。

促销很费钱，在策划采用什么样的促销方式时，为了降低费用，你要向美工、印刷商和其他专业人员询价。而且，你要了解你的竞争对手使用的促销方式，然后再确定对你的企业奏效的促销方式。

王强和刘丽的创业故事（十二） 促销策略

王强和刘丽的儿子王小明在学校学过营销学的课程，了解一些促销知识，但是书上介绍的很多方法不太适合他们现在的情况。比如，他们还不可能通过大型活动来宣传他们的产品，也没有太多的钱去做媒体广告。所以，他们决定在现有条件下利用一切可利用的资源进行简单的促销。

刘丽的一位同学在市里一家报社做主编，听说他们要创业非常高兴，表示可以从返乡创业的角度给他们做一个专题报道。刘丽认为，这无形中帮他们的企业做了宣传。

夫妇俩了解到，当地购买柳编制品的这些商家都是很讲信誉的，而且实在，认货也认人。认货就是谁家的货好、价低就进谁的，认人就是哪家老板人品好、讲信誉就进谁家的货。

夫妇俩认为，企业经营一定要讲诚信，要保证自己的产品质量优良、价钱公道、交货及时，而且要不断推陈出新。他们计划新产品上市时免费让商家进行产品试销，请他们把新产品放在顾客容易看到的位置，销售时多介绍他们的产品。

同时，他们还想制作简单的宣传折页，介绍企业的产品种类、每种产品造型所代表的意义等。这样既起到了宣传的作用，还可以教顾客如何利用产品来装饰家居环境。

此外，他们还了解到，在网络科技飞速发展的今天，利用网络销售是很多厂家近年来取得较好销售成绩的重要原因。因此，他们也打算将来借助互联网的力量促进销售。

为了促进销售，他们还打算对熟悉的商家进行赊销，以不超过当月销售量一半的数量赊销30天。

记住

市场营销的"4P组合策略"应该是一个整体,将产品、价格、地点和促销四种要素综合运用,这样才能使你赢得市场。

完成第96页的实践21,记录下你打算采用的促销方式,预测所需成本。

四、预测你的销售量

预测销售量就是估算企业在未来一段时间内(12个月)的销售量。这是预测销售收入和编制创业计划书的基础,也是最重要、最困难的内容。销售收入的多少取决于销售量的多少和销售价格的高低,没有好的销售就难以获得理想的利润。

你在预测销售量时不要过于乐观,要留有余地,更要采用科学的预测方法。

预测销售量的方法主要有以下几种:

- 经验预测法——你可能在同类企业中工作过,甚至在你的竞争对手的企业中工作过,你应该对市场有所洞察和了解,并可以利用这方面的知识来预测你的销售量。
- 类比预测法——将你的企业资源、技术和市场营销计划与竞争对手进行比较,基于他们的水平来预测你的销售量,这可能是最常用的销售预测方法。
- 试销预测法——少量试销你的产品,看看你能销出去多少。这种方法对制造商和专业零售商很有效,但不适合有大量库存的企业。
- 订单预测法——你可以通过你所获得的订单数量来预测你的销售量。如果你的企业客户不多,那么你可以采用这种方法。这种方法适用于出口商、批发商和制造商。
- 调查预测法——调查访问那些可能成为你的顾客的人,了解他们的购买习惯,对你所得到的信息进行分析,然后判断你提出的问题是否能够帮助你获得预测销售量所需的所有信息。需要注意的是,你不可能访问所有的潜在顾客,所以,你需要对你的潜在顾客群体做抽样调查。

记住

预测销售量的方法还有很多,你应该根据企业的实际情况进行灵活选择,既可以单独使用一种预测方法,也可以将多种方法结合使用。尝试多种预测方法能够帮助你尽可能准确地预测你的销售量。

预测销售量的基本步骤如下。

步骤一：采用预测销售量的方法，预测当年（至少6个月）的总销售量。

步骤二：根据当年总销售量，计算各月的平均销售量。

步骤三：考虑各种因素（营销计划、市场容量、销售淡旺季、企业知名度、留有余地等）并做出适当的调整。

步骤四：最终确定各月销售量及当年总销售量。

王强和刘丽的创业故事（十三） 预测销售量

王强凭借自己多年的打工经验清楚地认识到，创办企业是有风险的，一般来说，企业的主要风险来自市场需求变化和竞争对手的情况。所以，他们要想成功，认真做好市场销售预测，摸准市场需求及竞争对手的情况是非常必要的。之前在做市场调查时，竞争对手对有关销售收入和年销售量的问题特别敏感，一般都避而不谈，要了解这类信息非常困难。怎么办呢？王强和刘丽通过与竞争对手企业的员工聊天、到收购商那里询问等方式获得了一些销售信息。另外，他们还从原材料供应商那里打听到了附近几家竞争对手的进货数量和进货次数，以此来推算其产量和销售量。经过数据整理，他们得出了这样的结果：

单位：个

竞争对手	作坊1	作坊2	作坊3	作坊4	作坊5	作坊6
平均月产量	400	550	620	710	860	1 100
上一年总产量	4 800	6 600	7 440	8 520	10 320	13 200

他们通过网络等其他手段了解到柳编制品销售旺季是每年的2月、3月、5月、10月、12月。前期，他们了解到过去一年本地及周边地区对于花篮和果篮的需求量约10万个，而本地的柳编制品加工厂在过去一年卖的花篮和果篮数量只有5万多个，由此看来，本地市场对于柳编篮的需求量还是很大的。只要他们努力去做，成功的希望会很大。当然，他们是新办企业，市场对他们还不是很了解，因此，开始几个月的销售量肯定不会太多。他们对企业3—12月的销售量预测如下：

单位：个

月份	3月	4月	5月	6月	7月	8月	9月	10月	11月	12月
销售量预测	200	300	700	500	500	500	500	1 200	550	900

练习 4

习题 1

彭小虎，湖南龙山人，外出务工多年，为照顾年迈的父母，决定返乡创业。他了解到家乡正在发展百合产业，就对百合种植技术和销售情况进行了调查，获得以下信息：

- 百合的生长周期为 8~10 个月，10 月开始种植，次年 6 月起可连续采挖销售至 9 月。
- 隔壁二哥种植百合平均亩产 1 300 公斤，他家的地与彭小虎计划种植百合的两块地在同一区域。彭小虎家原有耕地 20 亩（1 亩 = 666.6 平方米），计划再流转 30 亩地种植百合，当地交通和水源情况好的熟地流转费为 500 元 / 亩·年。
- 当地有许多百合干片加工企业，它们将农户出产的百合畸形果、小果加工成百合干片，每公斤百合干片收取加工费 4.8 元。畸形果和小果产量约占百合总产量的 20%，3 公斤鲜百合可加工出 1 公斤百合干片。
- 当地百合在市场上已经形成品牌，鲜百合和百合干片供不应求。隔壁二哥告诉彭小虎，在 6—8 月鲜百合上市时均衡销售比一次性销售好。

彭小虎和家人商量后决定种植百合。他计划 10 月流转土地并完成百合种植，次年 6 月、7 月、8 月均衡采挖销售鲜百合，9 月完成百合干片的加工和销售。请你为彭小虎预测鲜百合和百合干片的销售量，然后填入下表。

单位：公斤

月份	6月	7月	8月	9月	合计
鲜百合销售量					
百合干片销售量					

习题 2

李平在省城务工多年，攒了些本钱打算返乡创业。他很看好学校消费市场，计划在县技师学院附近开家奶茶店。通过市场调查，他获得以下信息：

- 县技师学院现有学生 1 800 名，通过问卷调查发现有近 40% 的学生很喜欢喝奶茶，且这部分学生一个月会买 5 杯以上的奶茶。
- 县技师学院附近已有两家奶茶店，每天生意都很好，供不应求。
- 竞争对手甲采用传统的收银系统收银，店主并不清楚一天的销售量。于是，李平采用了实地调查法，他从甲一天的营业时间中抽取了 10 段时间（每段 5 分钟），以这 10 段时间调查到的甲的销售量为基础计算甲一天的销售量，最后获得下列信息：

单位：杯

项目	第1天销售量	第2天销售量	第3天销售量	第4天销售量	第5天销售量	日均销售量	月均销售量
数量	38	42	45	50	25	40	1 200

- 竞争对手乙采用的是比较先进的财务系统，每天的销售量在奶茶杯壁上会贴出来，这意味着李平只要在乙打烊前几分钟买上一杯奶茶，就可以知道乙一天的销售量。调查情况如下：

单位：杯

项目	第1天销售量	第2天销售量	第3天销售量	第4天销售量	第5天销售量	日均销售量	月均销售量
数量	45	57	66	70	62	60	1 800

通过对两家竞争对手和目标顾客的分析，李平认为学校附近奶茶市场的顾客忠诚度是比较低的，只要自己在店铺选址、店面设计、产品口味等方面强于竞争对手，价格制定合理，完全有可能在开业3个月后超过竞争对手甲，但要想超过竞争对手乙估计要到第二年。

请你根据所学知识完成下面两个练习。

1. 李平在预测销售量时，采用了哪些方法？

---

2. 请根据李平做市场调查获得的信息，综合考虑学生消费群体的特殊时间段等因素，为李平的新店做12个月的销售量预测，然后填入下表。

单位：杯

月份	1月	2月	3月	4月	5月	6月	7月	8月	9月	10月	11月	12月	合计
销售量预测													

记 住

谁都希望自己创业成功，但必须提醒自己：在创业初期，企业的销售量会低一些，后期有望逐步提高。

企业应根据自身产品特点决定销售预测期的长短，如种植养殖业的预测期可能要2~3年，甚至更长时间。

完成第97页的实践22和第98页的实践23，选择预测销售量的方法并预测你的销售量。

小结

企业要想成功就得有顾客，一家新创办的企业要想引来顾客就必须有自己的特色，也许是服务更优、价格更便宜、产品更有特色、交通更方便、销售方法更好。如果你的企业想法不比竞争对手更好、更有新意，你就要改变自己的想法。你可以修改原有方案或挖掘一个新的企业想法。

你可能要与提供同样或同类产品的其他现有企业展开竞争。这些企业将是你的竞争对手，你可以从他们那里获得对你有用的信息。

要想使企业成功，就要了解你的顾客和竞争对手。获取他们有关信息的过程称为市场调查。市场调查是向潜在顾客和竞争对手提问题并获得信息的过程。在掌握这些信息的基础上，你就可以围绕产品、价格、地点、促销四大市场营销要素制订市场营销计划了。

你必须预测销售量，这是编制创业计划书的基础，也是最重要、最困难的内容。销售可以带来利润，没有强有力的销售就没有高额的利润。预测销售量是一件难度较大但又必须做好的事情。

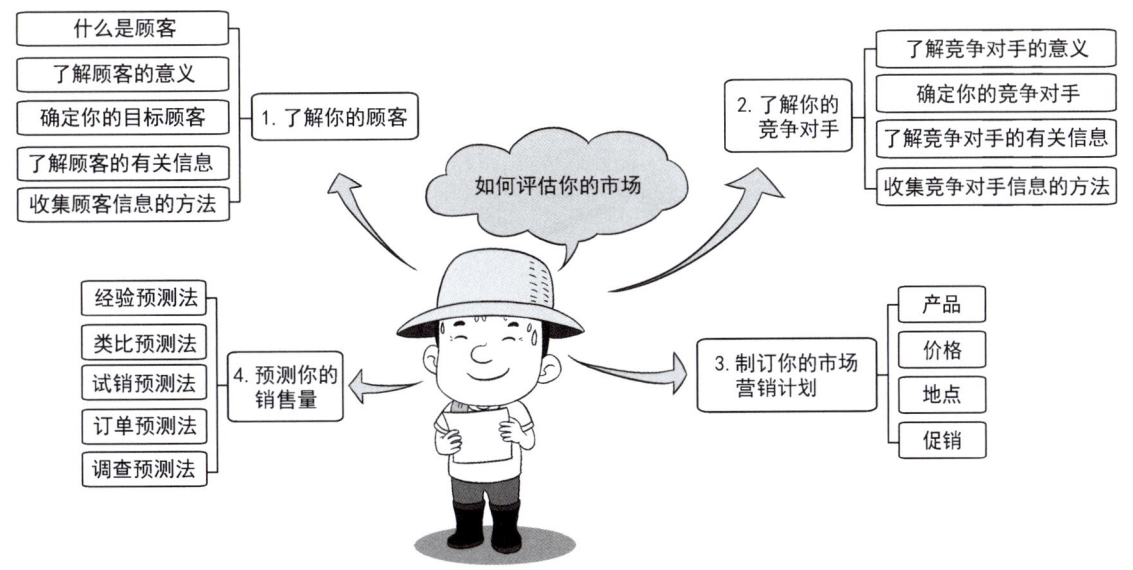

第四步 如何组织你的企业人员

在第三步,你预测了你的销售量,也估算出了要生产多少产品。现在,你需要为你的企业制订人员计划,组织你的企业人员去实现你的生产销售计划。为了使你的企业顺利而成功地运行起来,你必须很好地组织人员。你必须知道你的企业有哪些工作要做,并且要雇用合适的人去做这些工作。企业要实现高效生产,必须有一支具备相应知识和技能的员工队伍。

企业的成功来自每一名员工的付出。企业主要认真对待雇用员工的问题,要考虑员工的职责,懂得如何安排他们的工作。在这一步,你将学习有关员工的选择、工作安排和组织管理方面的知识。

一、企业人员的组成

小微企业规模不大,一般由下列人员组成:
- 企业主。
- 企业合伙人。
- 员工。

1. 企业主

在大多数小微企业中,企业主既是企业的所有者,又是企业的经营者,是企业的灵魂和核心。企业主可以行使以下职责:

- 开发创意,制订目标和行动计划。
- 组织和调动员工实施行动计划。
- 确保计划的执行,使企业达到预期目标。

在计划开办企业和制订企业计划时,你要对自己的经营能力有充分的认识，要明确哪些工作可以自己完成，哪些工作是你没能力或没时间去做的。如果你需要一名经理帮助你管理企业，就要考虑他应具备的能力和经历。

你可以向其他有经验的企业主请教，看看他们是如何管理企业和员工的。

记住

因为是初创的小微企业，可能很多企业事务要由企业主自己承担。但在这诸多事务中，你时刻不要忘记企业主最重要的职责是给企业制订合理、可行的运营计划并组织实施，使企业有条不紊地赚取利润。

王强和刘丽的创业故事（十四） 谁来当经理

王强夫妇认为，在企业有能力雇用别人之前，员工就只有他们一家三口。三人就企业的管理和分工坐下来商量，分析各自的长处和适合做的工作。

商量之后，他们认为：王强见多识广，有主意，技术好，适合担任经理，负责产品设计、生产管理、工艺技术；刘丽心细，善于沟通，适合管账、采购和销售；儿子王小明在学校学习了很多企业管理知识，并且了解城里的情况，适合做企业计划。但在大事上，他们三人将共同商量决定。

2. 企业合伙人

如果你和你的朋友或亲戚共同出资创办企业，那么，这家企业就不止你一个企业主，你们将以合伙人或股东的身份共享收益、共担风险。你们要决定彼此间如何分工合作，也许一个人负责销售，一个人负责采购，一个人负责管理……

要经营好一家合伙企业，合伙人之间应在透明、诚恳、相互信任的基础上常沟通、多交流，求同存异，以避免因意见冲突而导致企业经营失败。因此，合伙人之间有必要签订一份书面合作协议，明确各自的责任和义务。而且，企业要建立台账，账目要明晰。

3. 员工

如果你没有时间或能力完成全部工作，你就需要雇用员工。

为了雇用到合适的员工，你要考虑以下几点：
- 参照你的企业想法，把该做的工作列出来。
- 明确哪些工作是你没有时间或能力去完成的。
- 详细说明员工要做这些工作应该具备哪些知识和技能，以及其他要求。
- 决定完成每项工作需要多少人。
- 为所有人（包括企业主本人）合理定岗定薪定责。
- 选择合适的招聘途径。
- 进行员工培训。
- 进行员工管理。

记住

在发挥好企业主、企业合伙人和员工作用的同时，你还应寻求企业顾问的帮助，因为你不可能是企业所有事务方面的专家。

不同的行业需要不同的专业人员做顾问。你应该认准那些可能扶持你或对你有帮助的行业专家，包括农科所的科研人员、兽医、专业协会会员、会计师、律师和政府职能部门工作人员等，和他们积极交流，寻求帮助。

二、确定岗位职责

小微企业的人员管理就是让合适的人做合适的事情。因此，企业主必须考虑确定员工岗位职责，建立企业管理制度，让所有员工都知道自己必须做什么工作，以及完成这些工作所需要的知识和技能，即以制度管人，而非人管人。

岗位职责规定了该岗位的工作内容，对于这些内容，你必须清楚地描述出来。这样做有如下好处：
- 能够明确员工的岗位职责、权力与利益。
- 能够提供绩效考评的依据，调动员工的积极性。

一般来说，确定员工岗位职责时应注意以下问题：
- 根据企业经营需要确定工作岗位名称及数量。
- 根据岗位工种确定岗位职务范围。
- 明确岗位任职资格。
- 确定各岗位之间的关系。
- 根据岗位性质明确实现该岗位目标的责任。

王强和刘丽的创业故事（十五） 确定员工的岗位职责

表弟郭二宝曾提醒王强，做好企业分工，确定岗位职责，对像他们这样只有家人参与的企业同样非常重要，这样的话，可以使三个人各自完成好自己的工作，避免工作重复和遗漏。确定岗位职责对于将来定岗位、定责任、定工资及员工考核评价等都会有参考作用。按照表弟郭二宝的建议，王强一家在反复商量后编制出了创业初期的岗位职责表。

岗位	工作内容	所需素质或技能	谁的任务	
			第一阶段	下一阶段
经理	做计划、制定目标、监督实施、协调内部关系、与市场监督管理和税务等部门打交道	有主见、认真、果断、掌握专业知识、应变能力强、人际交往能力强	王强	王小明
财务	出纳、收款、记账、管理现金、盘点库存	认真踏实、有条理、诚实、细致	刘丽	刘丽
销售	市场调查、与顾客建立并保持良好的关系、接订单、做出销售预测、制定价格、提出促销方法、发货送货、采购原材料	认真、思路敏捷、热情、善于与人交往、谈判能力强、诚实守信	刘丽、王小明	王小明
生产管理	组织并监督生产、控制质量、管理工具设备和技术资料、维修设备、制订生产计划	认真、熟悉产品、懂技术、动手能力强、善于交往、善于处理矛盾和解决问题	王强	王强
产品设计开发	跟踪市场需求动态、收集样品信息、设计制作样品	有一定的美术基础、有创造性、懂工艺	王强、王小明	王强、王小明和专业技术人员
生产工人	选料、上色、浸泡、编织、熏蒸、晾晒、刷漆	有责任心、勤快、能吃苦、手巧	一家三口	工人

完成第99页的实践24，确定你的企业需要的员工。

三、选聘合适的员工

企业能否根据岗位职责聘用到有相关专业技能、有一定工作经验和积极性的员工，对企业的发展来说非常重要。

企业员工招聘应遵循的流程如下图所示。

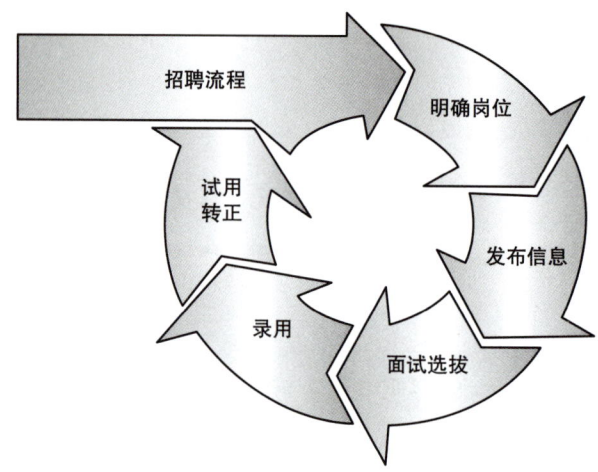

在录用员工前，你要对所有应聘人员进行面试。面试时的提问很有技巧，通过向应聘人员提出下面这些问题，你可以掌握他们的相关情况：

- 你原来在哪儿工作？具体做什么工作？

- 你为什么想来本企业工作？
- 你希望得到什么职位？
- 你认为你有哪些优点和缺点？
- 你怎样支配业余时间？你有什么兴趣爱好？
- 你喜欢和别人一起工作吗？如果有人对你态度不友好，你会做出怎样的反应？

……

你可以多提些问题，以便了解应聘人员更多的情况，判断其是否符合岗位要求以及是否有强烈的意愿来你的企业工作。最后向所有参加面试的应聘人员发出通知，不管他们是否被录用。

拓展

初创的小微企业也许不能负担高额的用人成本，你可以运用人性化的员工管理方式去激励员工、留住人才，如评奖、升职、加薪、关心员工生活等。人性化的管理方式能够激发员工对企业的真挚感情和工作热情，使他们愿意留在你的企业高效工作。

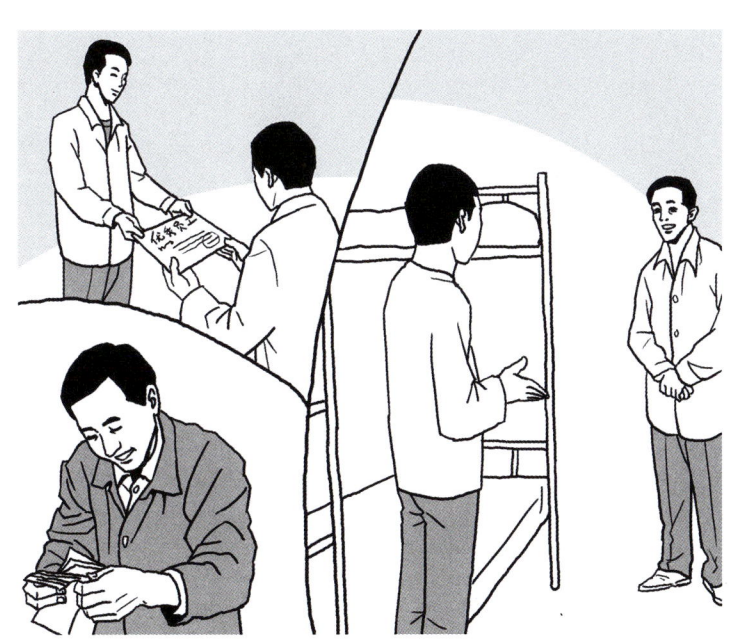

小结

小微企业人员一般由企业主、企业合伙人、员工组成，其工作态度和工作能力等对企业经营成败有着重要影响。你要管理好企业，就要慎重地选择人员，要明确他们各自的角色和岗位。

一家生产经营高效的企业要组织严谨，让所有员工明确自己的岗位职责，并掌握履行职责所需要的知识和技能。合理配置企业所需要的人员，建立岗位责任制，这样你管理企业就会容易得多。

第五步　如何选择你的企业法律形态

在第三步和第四步，你预测了你的销售量，并确定了企业的人员安排。

在这一步，你需要了解企业作为一种组织，必须具有一种法律形态，也就是说，你必须决定开办一家什么形式的企业。为此，你需要了解我国企业的法律形态，分析并比较每种法律形态的特点，这将有助于你为自己的企业选择一种最适合的法律形态。

一、什么是企业法律形态

企业法律形态是指国家法律规定的企业组织形式，即企业在市场环境中存在的合法身份。

我国企业法律形态主要有：股份有限责任公司、有限责任公司、外资企业、中外合资经营企业、中外合作经营企业、乡镇企业、股份合作制企业、合伙企业、个人独资企业等。

乡村创业常见的法律形态有：农村承包经营户、个体工商户、个人独资企业、合伙企业、农民专业合作社和有限责任公司。

不同的企业法律形态有不同的要求，对你的企业会产生诸多影响，这些影响主要涉及以下方面：

- 开办和注册企业的成本。
- 开办和注册企业手续的难易程度。
- 筹集资金的难易程度。
- 寻找合伙人的可能性。
- 企业的决策程序。
- 企业利润及利润分配。
- 企业的风险责任。

二、常见法律形态的特点

不同的法律形态具有各自的特点（详见下页表），了解它们有助于你为自己的企业选择合适的法律形态。

形态 \ 特点	业主数量和注册资本	成立条件	经营特征	利润分配和债务责任
个体工商户	● 业主是一个人或是一个家庭 ● 无注册资本限制	● 有经营场所 ● 可以依照《个体工商户登记管理办法》登记注册个体工商户的名称	● 资产属于私人所有，自己既是所有者，又是劳动者和管理者	● 利润归个人或家庭所有 ● 由个人或家庭经营的，以其个人或家庭财产对企业债务承担无限责任
个人独资企业	● 业主是一个人 ● 无注册资本限制	● 投资人是一个自然人 ● 有合法的企业名称 ● 有固定的生产经营场所和必要的生产经营条件 ● 有必要的从业人员 ● 有投资人申报的出资	● 资产为投资人个人所有，业主既是投资者，又是经营管理者	● 利润归个人所有 ● 投资人以其个人财产对企业债务承担无限责任
合伙企业	● 普通合伙企业由2个以上普通合伙人组成 ● 无注册资本限制	● 合伙人为自然人的，应当具有完全民事行为能力 ● 有书面合伙协议 ● 有合伙人认缴或者实际缴付的出资 ● 有合伙企业的名称和生产经营场所	● 按照合伙协议的约定或者经全体合伙人决定，可以委托一个或者数个合伙人对外代表合伙企业，执行合伙事务	● 合伙企业的利润分配、亏损分担，按照合伙协议的约定办理 ● 合伙企业不能清偿到期债务的，合伙人承担无限连带责任
合伙企业	● 有限合伙企业由2个以上50个以下合伙人设立，其中至少有1个普通合伙人 ● 无注册资本限制		● 由普通合伙人执行合伙事务 ● 有限合伙人不执行合伙事务，不得对外代表有限合伙企业	● 普通合伙人对合伙企业债务承担无限连带责任，有限合伙人以其认缴的出资额为限对合伙企业债务承担责任

续表

特点 形态	业主数量和注册资本	成立条件	经营特征	利润分配和债务责任
农民专业合作社	● 成员5人以上，农民占成员总数的80%以上；成员20人以下的，可以有一个企业、事业单位或社会组织成员；成员总数超过20人的，企业、事业单位或社会组织成员不得超过成员总数的5% ● 成员无最低出资额限制	● 5名以上符合条件规定的成员 ● 有符合法律规定的章程 ● 有符合法律规定的组织机构 ● 有符合法律、行政法规规定的名称和章程确定的住所 ● 有符合章程规定的成员出资	● 成员大会是农民专业合作社的权力机构 ● 合作社设立理事长1名，可以设理事会。理事长或理事会可以按照成员大会的决定聘任经理和财务会计人员，理事长或理事可以兼任经理	● 可分配盈余按成员与本社的交易量（额）比例返还，返还总额不得低于可分配盈余的60%，具体分配办法按章程或经成员大会决议确定 ● 农民专业合作社成员以其账户内记载的出资额和公积金份额为限对农民专业合作社承担责任
有限责任公司	● 由50个以下股东出资设立 ● 注册资本为在公司登记机关登记的全体股东认缴的出资额	● 股东符合法定人数 ● 有符合公司章程规定的全体股东认缴的出资额 ● 股东共同制定公司章程 ● 有公司名称，建立符合有限责任公司要求的组织机构 ● 有公司住所	● 股东会是公司的权力机构 ● 公司设立董事会（执行董事）、监事（会），董事会对股东会负责 ● 由董事会决定聘任或解聘经理	● 股东按照实缴的出资比例分取红利，以其认缴的出资额为限对公司承担责任
		● 一人有限责任公司，即只有一个自然人股东或者一个法人股东的有限责任公司	● 不设股东会 ● 在每一会计年度终了时编制财务会计报告，并经会计师事务所审计 ● 可设1名执行董事	● 股东不能证明公司财产独立于股东自己的财产的，应当对公司债务承担连带责任

记 住

在了解小微企业常见法律形态的特点时，应区分企业字号和企业名称，自然人、法人、法定代表人和法人代表，无限责任、无限连带责任和有限责任的不同含义。其他企业法律形态及其特点，请参阅现行法律法规的相关规定。

拓展

农村承包经营户按照与集体经济组织签订的承包合同，以户的名义从事经营活动，具有民事行为能力，对承包的生产资料不享有所有权，只享有经营权。它不必经市场监督管理部门核准登记，也不能起字号。农村承包经营户的债务：个人经营的，以个人财产承担；家庭经营的，以家庭财产承担。

三、选择适合的企业法律形态

选择企业法律形态时，你要考虑以下几个因素：

- 准备开办企业的规模。
- 投资者的数量。
- 创业资金的多少。
- 行业类型和发展前景。
- 充分利用政策。
- 企业应承担的义务和责任。
- 创业者的价值观念（倾向于个人决策还是协商合作）。

你在选择企业法律形态和注册企业时，可以寻求更多的帮助。比如，到当地人力资源社会保障部门等专门扶持小微企业的政府部门或相关咨询机构进行咨询。如果你要创办一家规模较大或结构较复杂的企业，你可以听取律师等专业人士的意见。

选择企业法律形态时,你要考虑企业实际情况及选择某种法律形态可能会对你的企业产生的影响:

● 如果你准备创办的企业规模小、投资少,所有风险都由你一个人承担,你就可以选择简单、经济的企业法律形态,如个体工商户或个人独资企业。

● 如果你的创业资金和技术不足,但有志同道合的朋友愿意一起干,你就可以选择合伙企业或有限责任公司。

● 如果你的决策能力较强,不喜欢与他人合作,你就可以选择个体工商户、个人独资企业或一人有限责任公司。

● 如果你准备通过合作来形成较大的生产经营规模,提高企业的讨价还价能力,降低生产资料采购成本,更方便地获得技术服务,你就可以选择农民专业合作社。

要记住,无论你选择哪种企业法律形态,一定要有充分的理由。

 王强和刘丽的创业故事(十六) 选择企业法律形态

王强夫妇经过调查与多方咨询,最终决定选择有限责任公司作为企业的法律形态。他们做此决定主要出于以下几方面的考虑:

第一,从企业发展角度看,他们认为有限责任公司发展空间更大,不论是洽谈业务还是日后招聘员工都有优势。

第二,从决策角度看,有限责任公司管理规范、组织健全,便于做出科学决策。

第三,从风险角度看,有限责任公司只承担注册资金内的债务或清算责任,风险相对较小。

完成第100页的实践25，选择你的企业法律形态。

小结

你准备开办企业时，要选择合适的企业法律形态。企业法律形态不同，企业的法律地位和投资人承担的风险责任也不同。我国乡村创业常见的法律形态有农村承包经营户、个体工商户、个人独资企业、合伙企业、农民专业合作社和有限责任公司。

选择企业法律形态时，你既要考虑企业规模、创业资金、企业业务特点，又要考虑你的价值观念。

选择企业法律形态和注册企业时，你可以寻求多方帮助，如市场监督管理部门、民政部门、人力资源社会保障部门、创业服务机构，或咨询专业人士等。

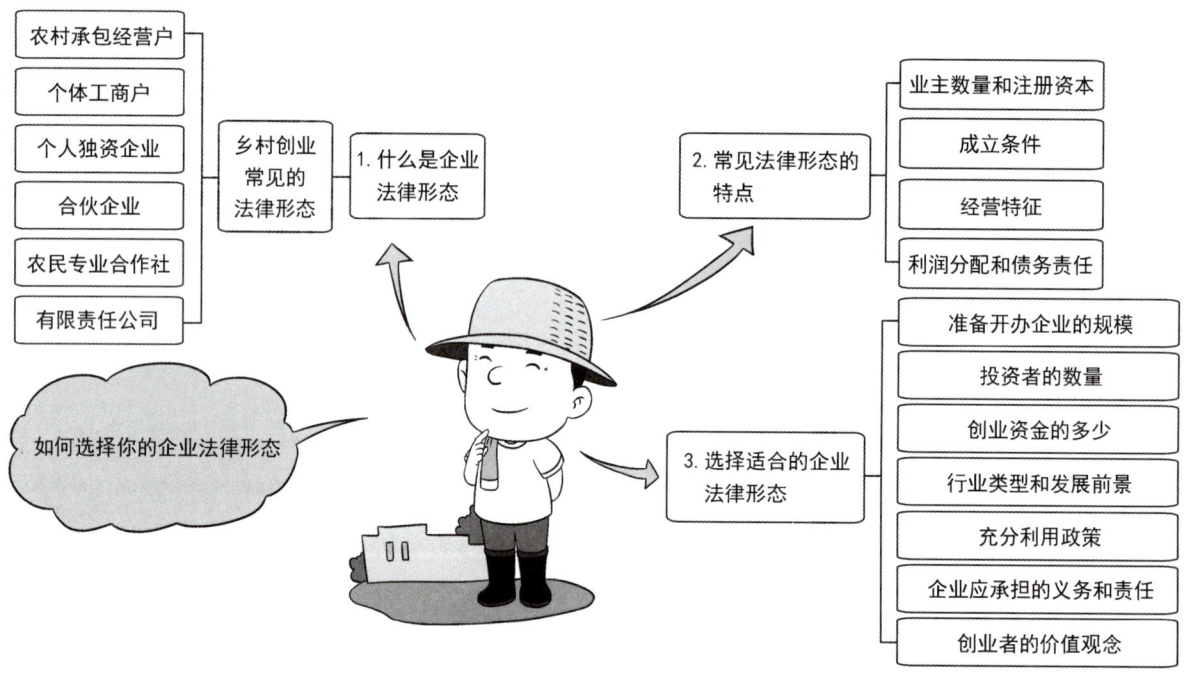

第六步　了解你的企业的法律环境和责任

你已经选择了企业的法律形态，现在需要了解企业的法律环境和你要承担的企业法律责任。所有创业者都要按照国家法律的规定开办和经营企业，并承担相关的企业责任。只有进行了登记注册并依法经营的企业才能受到国家法律的保护。

在这一步，你将学习作为一名企业主应承担的企业法律责任知识，还将了解有关保险的知识。通过学习这些知识，你可以降低企业经营风险。

一、了解企业的法律环境

在开办和经营企业过程中，你要自觉树立"学法、知法、懂法、守法、用法"的观念，保证自己的企业合法、有序经营和发展。

与创办企业直接相关的法律如下：

相关法律	相关内容
企业法	《公司法》《个人独资企业法》《合伙企业法》《个体工商户条例》《中外合作经营企业法》《中外合资经营企业法》《农民专业合作社法》《乡镇企业法》
民法总则	个体工商户，农村承包经营户，法人，代理，债权、物权、知识产权、民事责任等
合同法	合同的订立、效力、履行、变更和转让、权利义务终止、违约责任等。具体合同主要包括买卖合同、借款合同、租赁合同、运输合同、技术合同、建设工程合同、委托合同等
劳动法	促进就业、劳动合同和集体合同、工作时间和休息休假、工资、劳动安全卫生、女职工和未成年工特殊保护、职业培训、社会保险和福利、劳动争议、监督检查、法律责任等
劳动合同法	劳动合同的订立、履行和变更、解除和终止，特别规定（集体合同、劳务派遣、非全日制用工），监督检查，法律责任等

此外，与企业相关的法律还有会计法、税收征收管理法、产品质量法、消费者权益保护法、反不正当竞争法、保险法、环境保护法、食品安全法、就业促进法等。

二、明确企业要承担的法律责任

创业者要知道，法律既对你的企业有约束（规范企业活动），也会给你的企业以保护（保护企业的合法权益）。

 记 住

遵纪守法的企业不仅可以降低法律风险，还能赢得客户的信任、供应商的合作、员工的信赖、政府的支持，乃至竞争对手的尊重，为自己营造一个良好的生存发展空间。

1. 办理营业执照

如同人出生后要办理户口一样，新办企业必须有一个明确的合法身份。我国法律规定，新办企业必须经市场监督管理部门核准登记，领取营业执照。有些企业还需要获得有关部门颁发的经营许可证（如卫生、环保、特种行业许可证等）。

营业执照是企业主依照法定程序向市场监督管理部门申请的准许从事某项生产经营活动的凭证。企业只有领取了营业执照，才算是有了"正式户口"，才可以开展各项法定的经营业务。

小微企业登记注册的一般流程如下：

名称预先核准 → 准予设立登记 → 领取营业执照 → 刻章

王强和刘丽的创业故事（十七） 办理营业执照

王强和刘丽到当地的市场监督管理局咨询注册登记有限责任公司及申领营业执照的相关事宜。接待人员告诉他们，现在国家鼓励自主创业，注册登记有限责任公司的手续比较简单了。申办人只需携带"新设企业五证合一登记申请表"及相关资料前往行政审批大厅多证合一窗口，就能办理注册登记的全部手续。

为了让王强和刘丽进一步了解如何办证，接待人员给了他们一份材料清单和一个"公司章程"范本，并特别叮嘱说"公司章程"非常重要，要用心填写。

王强和刘丽按清单上的材料要求逐一核实，股东身份证复印件、住所使用证明等材料都比较好准备，只是"公司章程"的填写还需要向专业人士请教后才能完成。

记住

在申请办理营业执照前，最好向当地的市场监督管理局或会计师事务所进行咨询，弄清申请程序和所需相关材料等，以提高办事效率。

2. 依法纳税

依法纳税是公民和企业应尽的义务。我国税法规定，所有企业都要依法申报纳税。与企业和企业主有关的主要税种如下：

- 增值税。
- 企业所得税。
- 个人所得税。
- 城市维护建设税。
- 教育费附加。

……

社会经济活动是一个连续的过程，它由生产—流通—分配—消费四个环节组成。国家对生产和流通环节征收的税种称为流转税，如增值税就是以商品（含应税劳务）在流转过程中产生的增值额作为计税依据而征收的一种流转税，是对商品生产、流通、劳务服务过程中多个环节的新增价值或商品的附加值征收的一种流转税；对分配环节征收的税种称为所得税，它是以企业生产经营所得或个人所得为对象征收的一种税，如企业所得税、个人所得税等。此外，还有以流转税为基础征收的附加税费，如城市维护建设税、教育费附加等。

记 住

不懂税收，就经营不好企业。要创业，你就要了解企业所在地的实时税率及税收优惠政策。你可以登录相关网站或向当地税务部门、会计师事务所咨询。

王强和刘丽的创业故事（十八） 申报纳税

王强和刘丽想规规矩矩开办企业，当然也很关心纳税对企业和个人收入有多大影响。有人建议他们去当地税务所进行咨询。

税务所接待人员了解了他们的情况后，首先简单介绍了我国现行税法的一些情况，现行增值税包括16%、10%、6%和零税率四种，适用于一般纳税人。对于小规模纳税人和一般纳税人按简易方法计税的特定项目（公共交通运输服务、电影放映服务、仓储服务、装卸搬运服务和收派服务等）统一按3%计征。企业所得税税率分为25%、20%、15%三种。城市维护建设税征收率以企业设立地在市区、县城、乡镇不同分为7%、5%、1%三种；教育费附加按增值税额与消费税额的3%征收。

针对他们的情况，税务所接待人员告诉他们："你们开办的是有限责任公司，目前企业应该属于小型微利企业，属于小规模纳税人，主要缴纳增值税和企业所得税，以及以增值税为基数的城市维护建设税和教育费附加等。"同时，税务所接待人员还告诉他们一些企业纳税的简单计算方法。

（1）增值税按月（或季）缴纳，征收率为3%。

应纳增值税额＝含税销售收入÷（1+3%）×3%＝销售收入×3%

（2）企业所得税按年缴纳，它以企业年利润为应纳税所得额，税率为20%。

应纳企业所得税额＝应纳税所得额（企业年利润）×20%

（3）城市维护建设税，征收率为1%。

城市维护建设税应纳税额＝实际缴纳税额（增值税额、消费税额）之和×1%（农村）

（4）教育费附加，按增值税额与消费税额的3%缴纳，王强和刘丽可享受免征政策。

从税务所出来后，王强和刘丽觉得自己对申报纳税问题有了一个基本的概念，但很多具体问题还不是非常清楚，今后遇到时还得及时去税务所咨询。

3. 尊重员工的合法权益

员工的素质和工作积极性是企业竞争力的关键影响因素之一。在劳动力流动加快和竞争加剧的形势下，优秀的劳动者越来越成为劳动力市场上炙手可热的重要资源。所以，你从创业之初就要特别重视以下四个方面的问题。

（1）订立劳动合同

劳动合同是劳动者与企业签订的确立劳动关系、明确双方权利和义务的协议。劳动合同对双方都有约束力，不仅保护劳动者的利益，也保护企业的利益，是解决劳动争议的法律依据。成功的企业主往往会通过订立劳动合同来明确企业与员工双方的权利和义务，通过创造良好的工作条件等来留住优秀人才，提高企业的市场竞争力。

我国劳动合同法规定，用人单位必须与劳动者签订劳动合同。

劳动合同的基本内容包括：
- 劳动合同期限。
- 工作内容和工作地点。
- 工作时间和休息休假。
- 劳动报酬。
- 社会保险和福利待遇。
- 劳动保护、劳动条件和职业危害防护。
- 劳动合同的变更、解除、终止、续订。
- 其他约定条款。

在劳动合同中，除上述基本内容外，用人单位与劳动者还可以约定试用期、培训、保密等其他事项。

一般来说，各地都有统一的劳动合同文本，有关信息可以从当地人力资源社会保障部门获取。

（2）劳动保护和劳动条件

尽管创业初期资金紧张，但是企业仍然要尽量创造良好的工作条件，防止发生工伤事故和职业病，做好危险品和有毒物品的使用和储存工作，改善声、光、气、温、行、居等条件，以保证员工的人身安全。良好的工作条件有利于提高员工的工作积极性和工作效率。

（3）劳动报酬

劳动合同中有关劳动报酬的约定要符合我国最低工资标准的规定，并且按时以货币形式发放给劳动者本人。有关最低工资标准的规定可以从当地人力资源社会保障部门获取。另外，你还要知道我国法律对于加班工资报酬的规定。

- 安排劳动者延长工作时间的，应支付不低于劳动者工资150%的工资报酬。
- 休息日安排劳动者工作又不能安排补休的，应支付不低于劳动者工资200%的工资报酬。
- 法定休假日安排劳动者工作的，应支付不低于劳动者工资300%的工资报酬。

（4）社会保险

社会保险是通过国家立法强制实行的，由劳动者、企业、国家三方共同筹资，建立保险基金，在劳动者因年老、工伤、疾病、生育、残疾、失业、死亡等原因丧失劳动能力或暂时失去工作时，给予劳动者本人或供养直系亲属物质帮助的一种社会保障制度。

我国社会保险法规定，国家建立基本养老保险、基本医疗保险、失业保险、工伤保险、生育保险等社会保险制度，用人单位和个人依法缴纳社会保险费，其中前三项保险由单位和职工共同缴费，后两项保险仅由单位缴费。

王强和刘丽的创业故事（十九） 签订劳动合同

王强和刘丽听说过劳动合同法，但并不清楚其中的内容，他们决定去当地人力资源社会保障部门问问。

通过咨询，夫妇俩明白了劳动合同的内容和相关规定，两人决定企业用工时一定要按劳动合同法有关规定执行。

 **记住**

一家企业只有与员工签订劳动合同并为其办理社会保险，才有可能吸引与留住人才。企业主对此一定要高度重视。

三、选择企业的商业保险

商业保险是保险公司通过与企业或个人订立保险合同，以赢利为目的，转嫁企业或个人风险的保险形式。

经营企业总会有风险，但是各类企业所面临的风险各异，并非所有的企业风险都需要投保。例如，产品需求下降这种企业最基本的风险，只能由企业自己承担，而有些风险则可以通过购买保险来应对，如生猪病死、水稻绝收、粮食减产等。

商业保险通常分为财产保险、人寿保险和健康保险。

● 财产保险——主要包括机动车险、企业财产险、家庭财产险、船舶保险、保证保险、货物运输险、意外伤害险、农业保险、信用保险等。

● 人寿保险和健康保险——主要包括疾病保险、医疗保险、失能保险等。

王强和刘丽的创业故事（二十） 办理商业保险

王强和刘丽计划创办的柳编制品加工厂在开业初期资金较为紧张，对于办理哪些商业保险的问题，二人商量后做出如下计划：

（1）不参加防盗方面的保险。王强的家乡地处黄河古道，民风淳朴，王强老实本分，在村里人缘又好，而且厂里只有小板凳、小工具、少量原材料和半成品，价值不高，发生偷盗的可能性较小。

（2）不参加商业医疗保险。王强和刘丽二人身体好，没生过什么大病，平时也很少吃药。而且，农村又推行了居民医疗保险，缴费低，每年只需要220元。他俩认为暂时没有必要参加商业医疗保险。

（3）办理防火方面的保险。尽管编织工作主要在地窖中进行，但是成品需储存在家，万一发生火灾，损失就大了。

最后，夫妇俩决定参加财产保险基本险。通过咨询保险专业人员，他们了解到，对于他们这种情况每年应缴纳的保险费用为600元。

农业保险是保险公司根据农业保险合同，对被保险人在农业生产过程中因保险标的遭受约定的自然灾害、意外事故、疫病或者疾病等所造成的财产损失承担赔偿保险金责任的保险活动，一般可分为种植业保险和养殖业保险两大类，主要险种包括农作物保险、森林保险、牲畜保险、家禽保险、水产养殖保险等。

完成第101页的实践26，明确你的企业要承担的法律责任。

小结

作为一名企业主，你的企业要承担相应的法律责任。法律责任包括办理营业执照、依法纳税、尊重员工的合法权益等。履行法律责任，你的企业才有可能平稳发展。

此外，你还应该考虑将保险作为一种应对部分经营风险的手段，但需要注意的是，不是所有的项目都需要办理保险。

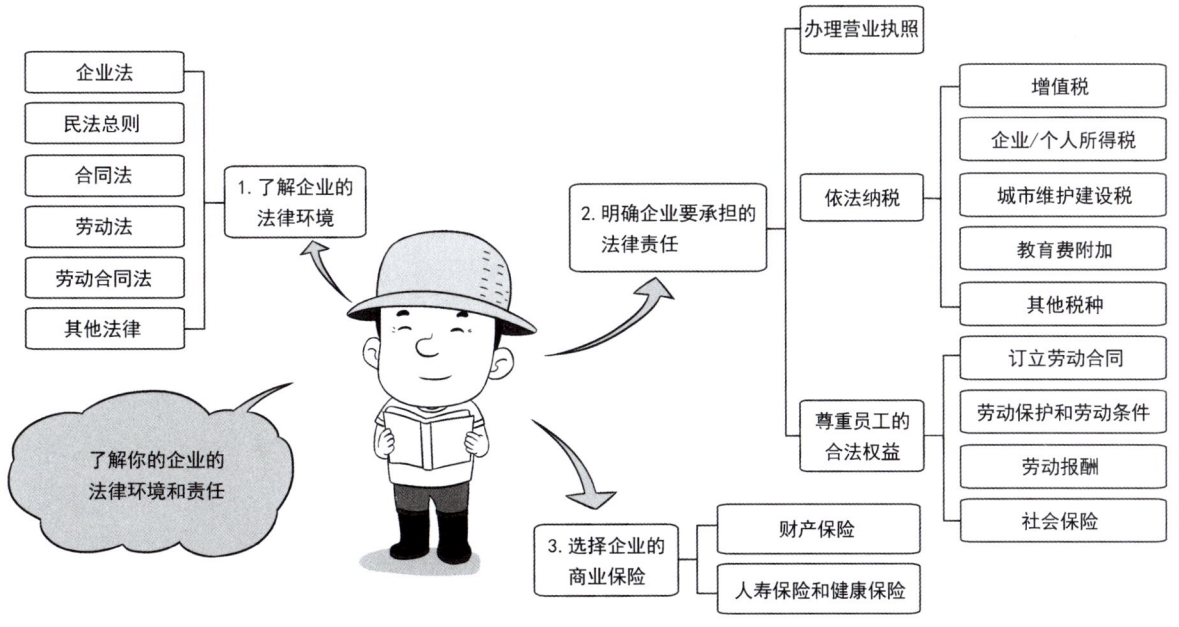

第七步　如何预测你的启动资金

至此，你已经知道你的产品是有市场的，对此你应该有信心。你也知道了自己作为企业主的职责以及对员工的要求。

在这一步，你将学习如何确定开办企业必须购买的物资和必要的其他开支，并测算其总费用，这些费用叫作启动资金。

一、启动资金的类型

启动资金是开办企业并使其正常运转需要准备的所有资金。启动资金按用途可分为投资和流动资金两大类。

- 投资——是指你为开办企业而购置的固定资产和无形资产，以及支付开办费和其他投资需要的资金。开办企业时投资是必需的，但不同企业的投资是不同的。有的企业用很少的投资就能开办，而有的企业却需要大量的投资才能启动。进行资金规划时，明智的做法是把必要的投资降到最低限度，让企业少担风险。

- 流动资金——是指企业维持正常运转所需要准备的资金。

王强和刘丽的创业故事（二十一）　计算启动资金需求

王强和刘丽觉得计算启动资金需求比较复杂，所以他们把这项工作分成两步，先将开办企业的支出分类列表，再具体算钱。

投资：

建造水池、地窖，购买工具、桌椅板凳和货架、灭火器，开办费（开业前市场调查费、培训费、技术资料费）和装修费等。

流动资金：

- 购买原材料（柳条、竹片、线、颜料等）和包装材料的费用。

- 工资。
- 水电费、交通费、电话费、办公用品购置费、招待费等。
- 保险费。
- 不可预见费。

练习 5

判断下列各项属于投资还是流动资金。
- 购买一辆农用车。
- 购买鸡饲料。
- 租用 200 亩土地需要的费用。
- 购买一台耕地用的微耕机。
- 支付一名饲养员的工资。
- 购买一把用于修剪果树的高枝剪。
- 支付农家客栈的电费。
- 购买一头 300 斤重的种猪。

二、投资预测

投资需要资金，开办企业时，你必须准备好这笔钱，而且可能要等企业挣足钱后你才能收回这笔投资。因此，在开办企业之前，你有必要估算一下开办企业到底需要多少资金。

你的投资一般可分为固定资产、无形资产、开办费和其他投资四类。

1. 固定资产

固定资产是指企业购置的价值较高、使用寿命较长的资产，如厂房、设备、工具和农业基础设施建设等。

（1）企业用地和建筑

开办企业需要有适宜的场地和建筑，也许是用来开办企业的厂房和车间，也许是用来建设养鱼场的鱼塘或水塘。如果你能在家工作或利用自家的耕地开办企业，那么就能减少这部分投资。前面谈到营业地点问题时，你已经选定了开办企业的地点。现在你需要进一步考虑你的企业需要什么样的场地和建筑等。如需要，你可以返回去修改实践 20 中与地点相关的内容。

在弄清需要什么样的场地和建筑等后，你要做出以下选择：

● 建造新的建筑——如果你的企业对场地和建筑有特殊要求，最好按照自己的需求进行规划和建设，但这需要大量的资金和时间，如建鸡舍、排灌设施、大棚等。

● 购买现成的建筑——如果你能在相对优越的地点找到合适的建筑，那么购买现成的建筑既简便又快捷。但现成的建筑往往要经过改造才能满足企业的要求，而且这也需要花费大量的资金。

（2）设备

设备是指你的企业生产经营所需要的所有机器、机械、工具、车辆、办公家具等。对于制造企业和一些服务企业来说，它们最需要的往往是加工和运输设备，如缝纫机、烘干机、车辆等；对于农、林、牧、渔企业来说，它们更需要农业机械，如播种机、收获机、水泵等。有些企业需要在设备方面投入大量资金，因此，弄清企业需要什么设备并选择正确的设备类型非常重要。即便你的企业只需要少量设备，你也要慎重考虑确实需要哪些设备，并把它们写入创业计划书。

（3）农业资产

农业资产主要是指企业拥有的已成龄的能进行配种、繁殖的牲畜（如成年奶牛、繁殖母猪、种鸡或蛋鸡等），能进行耕种和其他劳役的牲畜（如犁地的牛、马、骡、驴等），以及林木资产等。

2. 无形资产

无形资产是指企业长期使用的、不具有实物形态但能带来经济收益的资产，如特许经营权、商标权、专利权、土地使用权等。

无形资产是企业的一种特殊资产，在法律规定范围内，企业对无形资产享有占有、使用和收益处置的权利。企业在预测无形资产之前，首先应考虑所购买的无形资产的合法性；其次要弄清无形资产的法定有效期，以及评估和计价的法律依据。

3. 开办费

开办费是指企业在筹建期间发生的各项费用，如培训费、技术资料费、差旅费、印刷费、注册登记费，以及借款需支付的手续费、利息等。

4. 其他投资

除上述投资外，开办企业还可能要投入装修费、转让费等费用。

王强和刘丽的创业故事（二十二） 投资预测

王强和刘丽在自己家里开办企业，虽然省去了租地、租房的费用，但他们仍然需要投入不少资金，具体需要投入多少，要仔细算一算。

项目	费用（元）
建设场地	
建造水池	2 200
建造地窖	5 000
购买设备	
工具（剪刀、镰刀）	600
桌椅板凳和货架	500
灭火器	100
开办费	
市场调查费、咨询费	500
培训费、技术资料费	200
装修费	1 000
投资总额	10 100

根据上述计算，王强和刘丽需要投资的总额是 10 100 元。

三、流动资金预测

一般情况下，你的企业开业后要经营一段时间才能有足够的销售收入。制造企业在销售之前必须先把产品生产出来；服务企业在开始提供服务之前要购买材料和办公用品；贸易企业在卖出货物之前必须先采购货品；而农、林、牧、渔企业则需要更长的时间才能获得回报，所以需要投入更多的资金。所有企业要想达到理想的销售收入，必须花时间、精力、资金进行推广。总之，你需要流动资金以支付下列费用：

- 购买并储存原材料和商品的费用。
- 促销费。
- 工资。
- 租金。
- 保险费。
- 其他费用。

不同企业所需的流动资金的种类、构成和循环周期不同。有的企业需要足够的流动资金来支付经营 6 个月的费用，也有的企业只需要支付经营 3 个月的费用。对于其中的某些费用，你需要按照实际发生额来计算，比如一些需要按年度来支付的保险费。你必须预测并计算，在获得销售收入之前，你的企业能够支撑多久。一般而言，刚开始的时候销售并不乐观，因此，你的流动资金预测要留有一些余地。

在第八步中，你将为企业制订一份现金流量计划，它会帮助你更准确地预测你所需要的流动资金。等你做完这份计划后，你可能还得回来更改启动资金里的流动资金额。

1. 购买并储存原材料和商品的费用

制造企业生产产品需要原材料；服务企业进行经营也需要消耗一些材料；贸易企业需要储存商品来出售；农、林、牧、渔企业需要收获农产品，如玉米、小麦等庄稼，用材林、存栏待售的牲畜和养殖的鱼等。你预计的库存越多，你需要用于采购的流动资金就越多。因此，你就应该将库存降到最低限度。

如果你是制造商，你必须预测你的生产需要多少原材料库存。如果你是服务商，你必须预测在顾客付款之前，你提供服务需要多少材料库存。如果你是零售商或批发商，你必须预测在开始营业之前需要多少商品存货。如果你创办的是农、林、牧、渔企业，你必须预测需要多少种子、肥料、地膜、农药等。这样，你就可以计算出在获得销售收入之前需要多少流动资金。

记 住

如果你的企业允许赊账，资金回收的时间就会更长，你就需要准备更多的流动资金来保证最低库存。

2. 促销费

新企业开业后，往往需要促销自己的产品或服务，而组织促销活动是需要流动资金的。例如，在农产品收获季节，加大对农产品的宣传力度，扩大销路。

在第三步中，你已经做了促销计划并对促销费用进行了预测。

3. 工资

如果你雇用员工，在经营初期你就要向他们支付工资。另外，你还要以工资形式支付自己家庭的生活费用。计算流动资金时，要计算用于发放工资的钱数，通常用每月工资总额乘以还没达到收支平衡的月数就可以计算出来。如果你创办的是农、林、牧、渔企业，你还要考虑农业生产用工的季节性因素。

4. 租金

如果你计划购买房屋作为经营场所，那么，为此付出的资金属于投资范畴。但是，在大多数情况下，企业为减少资金投入，会采取租赁房屋的形式经营，而租赁房屋所发生的费用属于流动资金范畴。农、林、牧、渔企业可能需要租赁耕地、林地、水域等，企业一开始运转就要支付用地、用房的租金。用月租金额乘以还没达到收支平衡的月数就可以计算出用于支付租金的金额。另外，你还要考虑到租金一付可能就是6个月或1年的，这样会占用更多的流动资金。

5. 保险费

企业一开始运转,就要选择必要的保险并支付保险费,这也需要从流动资金中支出。农、林、牧、渔企业可选择专为农业生产者提供保障的农业保险。

在第六步中,你已经选择了要办理哪些保险并对保险费用进行了预测。

6. 其他费用

企业在经营初期,还要支付其他一些费用,如交通费及在农业生产过程中进行播种、施肥、喷药、收割等机械作业所发生的费用等。

王强和刘丽的创业故事(二十三) 流动资金预测

王强和刘丽估计,他们开办的企业至少在经营3个月后才能达到收支平衡。因此,他们必须准备出这3个月企业运转所需要的资金[参见《创办你的企业(乡村创业版)——创业意识手册》第14页故事三]。

由于一开始对生产管理和市场销售都不太熟悉,他们做的生产和销售预测比较保守。在头3个月里,他们能够分别生产和销售柳编篮200个、300个和700个(参见本教材第16页故事十三)。

下面是他们计算出来的头3个月需要的流动资金。

项目	头3个月需要的流动资金(元)
原材料	5 700
包装材料	1 200
王强、刘丽和王小明的工资(每月8 100元)	24 300
促销费(每月150元)	450
保险费(全年)	600
维修费(每月35元)	105
水电费、电话费(每月200元)	600
流动资金总额	32 955

根据上述计算,他们头3个月所需要的流动资金总额是32 955元。那么,他们开办企业所需要的启动资金总额 = 投资总额+流动资金总额 =10 100+32 955=43 055元(投资总额测算参见本教材第44页故事二十二)。这个数额远远超过他们能投入的23 000元[参见《创办你的企业(乡村创业版)——创业意识手册》第10页故事二]。

他们觉得这个数字不太对,流动资金的算法可能有问题。第一,这是在假设头3个月没有任何销售收入的情况下计算出的结果,只有出没有进,不能体现资金流动情况。第二,有些费用可能被遗漏。在以后做现金流量计划时,他们会尽量做得更加完整和准确,以便最终确定流动资金需要量和启动资金总额。

练习6

利用预测启动资金和销售量的知识完成下面的练习。

彭小虎认为,他需要购买1台微耕机2 700元,1台柴油打药泵800元,2台背负式电动喷雾器共380元,2套农具共980元,1台笔记本电脑4 800元,1辆三轮车8 800元。此外,他预计还需要支付以下费用:

- 10月集中平整土地、开沟、种植,需请用零工8人/亩;3月手工除草,需请用零工5人/亩;6月起采挖、装运,需请用零工7人/亩。当地零工日均价140元/人。
- 百合种球12元/公斤,每亩平均用百合种球250公斤。
- 施肥集中在2月和4月,需要施肥350元/亩·年(2月施肥量占全年总施肥量的40%,4月施肥量占全年总施肥量的60%)。
- 3、4、5月百合进入盛长期,需喷施农药40元/亩·月。
- 其他费用:燃油费200元/月,水电费200元/月,电话费100元/月,办公用品购置费50元/月,6月为销售百合支付促销费800元,维修费50元/月,折旧额和摊销额308元,彭小虎一家人的薪金3 000元/月。

请你计算一下彭小虎开办企业需要多少钱,然后完成下面的表格。

项目	投资预测(元)	项目	12个月流动资金预测(元)
1台微耕机		土地流转费	
1台柴油打药泵		企业主薪金	

续表

项目	投资预测（元）	项目	12个月流动资金预测（元）
2台背负式电动喷雾器		零工工资	
2套农具		购百合种球	
1台笔记本电脑		购肥料	
1辆三轮车		购农药	
		燃油费	
		水电费	
		电话费	
		办公用品购置费	
		促销费	
		维修费	
		其他费用	
投资总额		流动资金总额	
		合计：_____元	

完成第102~105页的实践27，预测你的企业的启动资金。

小结

计划开办一家企业时，你要测算一下需要的启动资金总额。这笔钱将用于以下两个方面：

投资——是指你为开办企业而购置的固定资产和无形资产，以及支付开办费和其他投资需要的资金。

流动资金——是指企业维持正常运转所需要准备的资金。一般来说，为保证预测流动资金需求量更加准确，你必须制订一份现金流量计划。下一步将介绍怎样制订现金流量计划。

创办你的企业(乡村创业版)
——创业计划手册

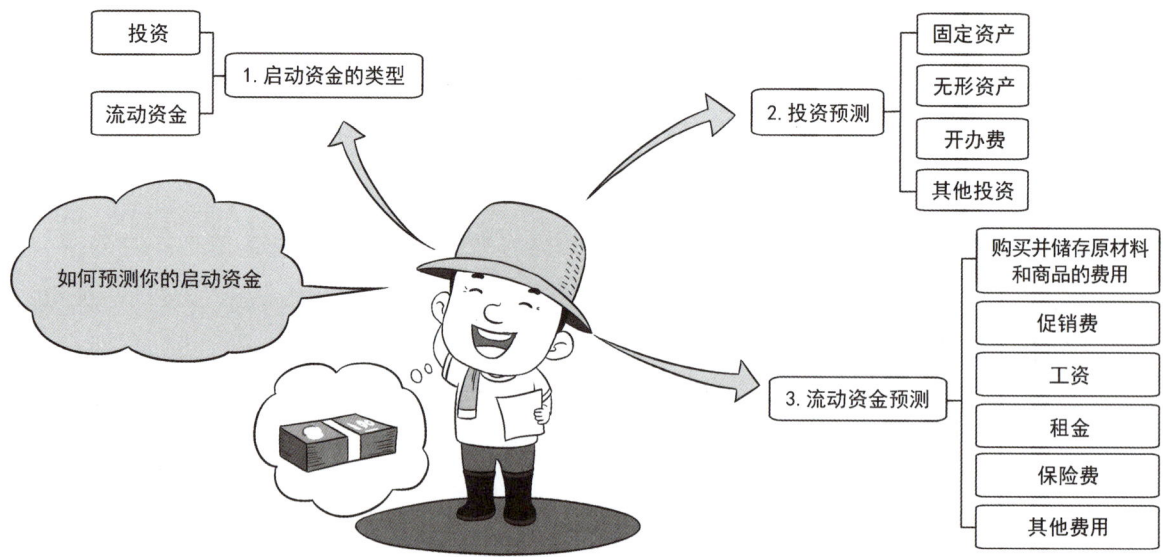

第八步　如何制订你的利润计划

至此，你应该对自己创办企业的想法更有信心了。因为你已经衡量了你的企业想法，了解了你的市场，预测了你的销售量，计算了你需要的启动资金。

在这一步，你要特别关注你的企业是否赚钱的问题，这非常重要。学完这一步，你就可以做出以下决策：

- 制定销售价格——你卖给顾客的产品或服务需要顾客付多少钱。
- 预测销售收入——销售一段时间（至少6个月）后，你的企业能够收到多少钱。
- 制订销售与成本计划——看看你的企业是挣钱还是赔钱。
- 制订现金流量计划——你是否有足够的资金保证企业正常运转。

一般来说，成本是制定价格的基础，价格是预测收入的基础，收入是计算利润的基础，资金是企业正常运转的保证。

一、制定销售价格

在制定产品或服务的销售价格之前，你要计算出你为顾客提供产品或服务所发生的成本。成本是生产产品或提供服务所发生的各项费用。每家企业都会有经营成本。作为企业主，你必须详细了解企业的经营成本。很多企业就是因为没有能力控制好企业的经营成本而陷入财务困境。一旦成本大于收入，企业就会亏损，长期亏损对企业资金链的危害很大，企业可能会因此而面临倒闭的风险。

在第三步制订你的市场营销计划时，你已经初步确定你的产品或服务的销售价格水平。现在，你要更准确地制定你的产品或服务的销售价格，主要有以下两种方法。

1. 成本加成定价法

将生产某种产品或提供某项服务所发生的费用全部计入成本的范围，将所有成本加起来，除以产品或服务总量，就可以计算出单位产品或服务成本，在单位产品或服务成本的基础上，加上一定比例的利润即可得出销售价格。这种定价方法是企业最常用、最基本的定价方法。其计算公式为：

$$销售价格 = 单位产品或服务成本 \times (1 + 成本利润率)$$

采用成本加成定价法制定价格时，确定合理的成本利润率是非常关键的。你必须综合考虑市场环境、行业特点等多种因素。这种方法尤其适用于制造企业和服务企业。

如果你的企业经营有效，成本不高，用这种方法制定的销售价格在当地应该是有竞争力的。但是，如果你的企业经营得不好，你的成本可能会比竞争对手的高，这就意味着你采用成本加成定价法制定的价格会偏高，不具有竞争力。

那么，怎样具体计算单位产品或服务成本呢？

- 首先，你要了解自己生产产品或提供服务的成本构成。
- 其次，你要预测折旧和摊销。
- 最后，计算出单位产品或服务成本。

（1）了解自己生产产品或提供服务的成本构成

对于一家新企业来说，预测成本绝不是一件容易的事情。最好的方法是参照一家同类企业，了解该企业计算了哪些成本。你在第七步中预测企业启动资金时，已经对这些成本有所了解。下面所列的是企业常见的成本项目。

- 原材料（或商品、农产品）
- 包装费
- 工资和员工福利
- 租金
- 促销费
- 保险费
- 维修费
- 水电费
- 邮电费
- 办公用品购置费
- 手续费
- 借款利息
- 宽带费
- 差旅费
- 业务招待费
- 运输费
- 咨询费（律师和会计师）
- 折旧和摊销

所有企业的成本都有固定成本和变动成本两种。固定成本在一定时间和业务范围内是不变的，如租金、保险费、折旧和摊销等。变动成本在一定时间和业务范围内会随着生产量或销售量的起伏而变化，如购买原材料的费用、水电费、差旅费等。

对于制造企业或服务企业来说，与生产产品或提供服务有直接关系的成本属于变动成本。例如，一位面包师要购买诸如面粉、酵母和牛奶等原料做面包。对于零售企业来说，购买用于再出售的商品的成本属于变动成本。例如，一家食品店要购买存货，如饮料和饼干等。对于农、林、牧、渔企业来说，与种植养殖农产品有直接关系的成本属于变动成本。例如，养殖的鱼，存栏待售的牲畜，购买的种子、化肥、农药等。

预测成本时，你必须认真区分固定成本和变动成本。你的材料成本永远属于变动成本。如果还有其他变动成本，你必须知道这些成本是怎样随着生产量或销售量的起伏而变化的。

（2）预测折旧和摊销

折旧是由于固定资产在使用过程中不断贬值而发生的一种成本，如机器、工具和车辆等的折旧。折旧虽然不是企业的现金支出，但却是一种成本。

由于折旧是针对固定资产而言的，因此，你只需要计算固定资产（有较高价值和有较长使用寿命的资产）的折旧价值。在大多数小微企业里，需要计算折旧的物品数量并不多。

以下是我国税法规定的不同类型的固定资产折旧最低年限，适用于大多数小微企业。

固定资产类型	折旧最低年限（年）
房屋、建筑物	20
机器、机械和其他生产设备	10
器具、工具和家具	5
除飞机、火车、轮船以外的运输工具	4
电子设备	3

 记住

我国税法规定的折旧年限只是各种类型固定资产的最低折旧年限，企业可以根据固定资产的属性和使用情况，在比规定的最低折旧年限更长的时限内计提折旧。

摊销是除固定资产外，其他长期使用的资产按照其使用年限每年分摊的一种成本，与固定资产折旧相似，如无形资产摊销、装修费摊销等。

练习 7

完成下面有关折旧的练习。

习题 1

彭小虎期望他所购买的下列物品能够使用 5 年：1 台微耕机 2 700 元，一台柴油打药泵 800 元，2 台背负式电动喷雾器共 380 元，2 套农具共 980 元，1 台笔记本电脑 4 800 元，1 辆三轮车 8 800 元。请你计算这些物品的月折旧额。（不考虑设备残值）

习题2

张美丽开办的洗染店已经营6年，现有3名员工和4台功能不同的洗染机。洗染机是6年来她逐步购置的，总价值约65 000元。

张美丽很自豪，6年来，她靠经营洗染店获得的收入不仅改善了自己的住房条件，还能供自己的孩子在一所教学质量很好且学费很高的学校读书。不幸的是，上周店里的干洗机坏了，无法修理。这可是洗染不能缺少的设备，而且价格很贵。因为刚买了一辆新车，所以张美丽一时拿不出钱来更换干洗机。

请利用你学到的折旧知识分析张美丽做错了什么。她应该怎样做？

王强和刘丽的创业故事（二十四） 预测折旧和摊销

王强和刘丽分析了一下，他们所开办的企业可以进行折旧的固定资产实在不多，就是建造的水池、地窖和一些工具、桌椅板凳等。因为这些物品使用寿命不一样，所以折旧年限也有所不同。他们认为，花7 200元建造的水池、地窖不易损坏，使用时间比较长，应该按20年（240个月）折旧；地窖里面的工具、桌椅板凳、货架、灭火器等共1 200元，损耗速度快，估计不出5年就需要更换，因而应该按5年（60个月）折旧。听说装修费1 000元可以按分摊的方法摊入成本，王强和刘丽商量后，将装修费定为1年（12个月）回收。

水池、地窖折旧费＝7 200÷240＝30（元／月）

设备折旧费＝1 200÷60＝20（元／月）

装修费摊销＝1 000÷12≈83.3（元／月）

这样，第一年每个月计提固定资产折旧费和装修费摊销为133.3元。这是根据企业实际预测的折旧期，王强和刘丽不知道是否合理，决定去税务所咨询。税务所接待人员告诉他们，他们对于折旧期的计算是正确的。另外，我国现行税法还规定，应对固定资产估计残值，由企业根据固定资产的性质和使用情况合理确定，对开办费可以选择在经营当年一次性扣除或在不少于3年期限内摊销。

（3）计算单位产品或服务成本

你要计算出你的企业生产产品或提供服务的月总成本，再除以当月生产产品或提供服务的数量，就能得出你的企业生产产品或提供服务的单位成本。其计算公式为：

单位产品或服务成本＝月总成本÷月生产量

王强和刘丽的创业故事（二十五） 预测一件柳编制品的成本

作为负责技术和生产的企业经理，王强要预测出产品的单位成本。他知道这是一项很重要的任务，因而花了很多时间调查各种原材料的价格。他设计和制作了一些样品来确定每件柳编制品的工时和材料消耗，以便推算出批量生产时产品的单位成本。此外，他还对竞争对手的产品成本进行了分析比较。经计算，王强得出正常情况下一个月生产1 000件柳编制品的总成本如下：

项目	金额（元）
购柳条	4 430
购竹片	120
购颜料	200
包装费	1 000
促销费	150
工资	8 100
折旧和摊销	133.3
保险费	50
维修费	35
电费、电话费	200
月总成本	14 418.3

柳编制品单位材料成本 =（4 430+120+200+1 000）÷1 000=5.75（元）
柳编制品单位成本 = 当月总成本÷柳编制品产量 =14 418.3÷1 000≈14.4（元）
王强和刘丽决定在成本的基础上加上46%的利润，以此制定销售价格。
不含增值税的出厂单价 =14.4+14.4×46%≈21（元）
含增值税的出厂单价 =21×(1+3%)=21.6（元）

当初他们把批发价定在21元时没有考虑增值税的因素，但是和现在算出来的含税批发价出入不大。

练习 8

彭小虎计划种植50亩百合，请你利用前面练习中获得的信息完成下面的计算。

- 彭小虎种植50亩百合总成本是多少？

- 预测彭小虎种植 50 亩百合的月产量是多少？每公斤鲜百合的成本是多少？每公斤百合干片的成本是多少？
- 如果彭小虎加价 30% 销售百合，每公斤鲜百合和百合干片的售价分别是多少？

2. 竞争参照定价法

竞争参照定价法是制定价格的另外一种方法。它是指根据不同的竞争环境，参照竞争对手的价格，并以此为基准价来确定本企业产品或服务的价格。这种定价方法有助于从价格方面保持或强化企业产品或服务在市场中的竞争力。

实际上，你可以同时用成本加成定价法和竞争参照定价法这两种方法来制定价格。一方面，你要严格核算产品或服务成本，保证定价高于成本；另一方面，你要随时观察竞争对手的价格，并与之比较，以保证你的价格具有市场竞争力。

记住

要比较同类价格，不要拿制造商的销售价格和商店的零售价格进行比较。

王强和刘丽的创业故事（二十六） 价格比较

王强和刘丽生产的柳编篮的价格在市场上要有竞争力才好卖。他们进行市场调查时了解到，类似产品大部分的零售价格为 25~30 元，如果他们把零售价格定在 25 元左右就比较容易进入市场。而他们预计所生产的柳编篮的样式会比竞争对手的新颖，如果一个柳编篮卖 28 元，以批发价格 21.6 元推算，他们还有 23% 的销售毛利率 [销售毛利率 =（28-21.6）÷28 ≈ 23%]。如果卖贵一点则毛利率更高，商贩会更有积极性去推销。他们当初采用的成本加成定价法和现在采用的竞争参照定价法得出的结果是基本吻合的。

记住

一家新企业进入市场时，其竞争对手的反应往往是难以预料的。他们也许会压低价格，使新企业难以立足。所以，即使你的企业计划做得很完备，也可能会面临一些意外风险。

完成第106页的实践28，制定你的产品或服务的销售价格。

农产品卖得好不好，除了取决于产品本身的质量外，产品的定价也很关键。你可以根据复杂的市场情况，采用一些灵活多变的小策略来确定产品价格。比如，对于在市场中罕见且有自己特殊卖点的产品，可采用撇脂定价策略；对于刚进入市场的新产品，为获得市场份额，可采用薄利多销的渗透定价策略；利用顾客重视性价比、期待物美价廉的心理，可采用以6、8、9等数字结尾的尾数定价策略；为鼓励顾客大量购买产品，可采用数量折扣定价策略等。

二、预测销售收入

在第三步做市场调查时，你已经预测了销售量，现在需要再核实一遍，看看你提出的数字是否切合实际。而且，你要知道这些销售能带来多少收入，也就是做好销售收入预测。你可以通过以下步骤来预测销售收入。

步骤一：列出你的企业推出的所有产品，或产品系列，或所有服务项目。

步骤二：预测开业后的每个月（至少6个月）你期望销售的每件产品或每项服务的数量，它来自你所做的市场调查。

步骤三：为你计划销售的每件产品或每项服务制定销售价格。

步骤四：用销售价格乘以月销售量来计算每件产品或每项服务的月销售收入（月销售收入＝销售价格×月销售量）。

王强和刘丽的创业故事（二十七） 预测销售收入

王强和刘丽打算3月份开办企业。他们计划正常情况下每月生产并销售500多个柳编篮。但在头3个月，考虑到企业刚开始营业，缺乏知名度，他们计划的产销量要小得多。不过，他们知道5月、10月和12月是柳编制品销售旺季，所以他们预测生产的柳编篮在头3个月的销售量分别是200个、300个和700个。由于当地柳编工艺历史悠久、手工工艺精湛，产品可销往全国各地。王强认为，只要紧跟市场需求开发产品，是能够完成这个计划的。他们生产的柳编篮每个售价21.6元（含增值税），以此预测当年销售收入情况如下：

月份	3月	4月	5月	6月	7月	8月	9月	10月	11月	12月
销售量（个）	200	300	700	500	500	500	500	1 200	550	900
销售价格（元）	21.6	21.6	21.6	21.6	21.6	21.6	21.6	21.6	21.6	21.6
含税销售收入（元）	4 320	6 480	15 120	10 800	10 800	10 800	10 800	25 920	11 880	19 440

 **记 住**

你在预测销售量和销售收入时不要太乐观，要切合实际。千万要记住，在开办企业的头几个月，你的销售收入不会太高。

完成第107页的实践29，预测你的企业的销售收入。

三、制订销售与成本计划

要掌握企业实际运转情况，仅仅知道销售收入是不够的，你必须计算你的企业是不是有了利润。只有这样，你才能准确地知道你的企业是否赚钱。利润可以通过销售收入减去企业经营成本来计算。

王强和刘丽的创业故事（二十八） 制订销售与成本计划

王强和刘丽基于自己的成本预测和销售收入预测制订了当年的销售与成本计划。他们制订的销售与成本计划如下：

单位：元

项目	金额\月份	3月	4月	5月	6月	7月	8月	9月	10月	11月	12月	合计
销售	含税销售收入	4 320	6 480	15 120	10 800	10 800	10 800	10 800	25 920	11 880	19 440	126 360
	增值税	0	0	0	0	0	0	0	0	0	0	0
	销售净收入	4 320	6 480	15 120	10 800	10 800	10 800	10 800	25 920	11 880	19 440	126 360
成本	原材料和包装费	1 150	1 725	4 025	2 875	2 875	2 875	2 875	6 900	3 162.5	5 175	33 637.5
	经理薪金	2 700	2 700	2 700	2 700	2 700	2 700	2 700	2 700	2 700	2 700	27 000
	员工工资	5 400	5 400	5 400	5 400	5 400	5 400	5 400	5 400	5 400	54 00	54 000
	促销费	150	150	150	150	150	150	150	150	150	150	1 500
	保险费	50	50	50	50	50	50	50	50	50	50	500
	维修费	35	35	35	35	35	35	35	35	35	35	350
	开办费	700	—	—	—	—	—	—	—	—	—	700
	电费、电话费	200	200	200	200	200	200	200	200	200	200	2 000
	折旧额和摊销额	133.3	133.3	133.3	133.3	133.3	133.3	133.3	133.3	133.3	133.3	1 333
	总成本	10 518.3	10 393.3	12 693.3	11 543.3	11 543.3	11 543.3	11 543.3	15 568.3	11 830.8	13 843.3	121 020.5
附加税费		0	0	0	0	0	0	0	0	0	0	0
利润		−6 198.3	−3 913.3	−2 426.7	−743.3	−743.3	−743.3	−743.3	10 351.7	49.2	5 596.7	5 339.5
企业所得税		—	—	—	—	—	—	—	—	—	—	533.95
净利润		—	—	—	—	—	—	—	—	—	—	4 805.55

税金和利润的计算比较复杂，刘丽觉得自己做销售与成本计划不同于财务建账，最好是计算简便又能保证数字准确。她专门去税务所咨询有关增值税减免征收的规定，了解到增值税免税金额需转为营业外收入。刘丽在开业后的会计账目中需按此记账，但是在制订销售与成本计划时，为了计算简便，刘丽没有计算增值税免税季度的增值税，这样就不需要结转收入，只要确保利润计算准确即可。下面是王强和刘丽对于应纳增值税额、附加税费、利润、企业所得税额和净利润的计算方法。

（1）计算增值税额

$$应纳增值税额＝含税销售收入\div(1+3\%)\times 3\%$$

根据规定，实行按季纳税的小规模纳税人季销售收入不超过9万元的，免征增值税。王强和刘丽的企业在开业当年每个季度的销售收入均不超过9万元，所以不用缴纳增值税。

（2）计算附加税费

根据规定，实行按季纳税的纳税人季销售收入不超过30万元的，免征教育费附加。王强和刘丽的企业在开业当年季销售收入均在30万元以下，因此不需要缴纳教育费附加。而且，因为他们的企业在开业当年季销售收入没有达到应纳税额基数，免征增值税，所以他们也不用缴纳城市维护建设税。

（3）计算利润

$$利润＝含税销售收入－应纳增值税额及附加税费－总成本$$

（4）计算企业所得税额

根据规定，对年应纳所得税额不超过50万元的小型微利企业，其所得减按50%计入应纳税所得额，按20%的税率缴纳企业所得税。王强和刘丽的企业在开业当年利润远低于50万元，因此可享受减半征税政策。

$$应纳企业所得税额＝利润\times 50\%\times 20\%$$

（5）计算净利润

$$净利润＝利润－应纳企业所得税额$$

练习9

完成下面有关运用销售与成本计划知识的练习。

习题1

利用第七步练习6中介绍的有关彭小虎的百合种植企业的成本信息和本步练习8中的销售信息，完成下表及企业的销售与成本计划。

月份	鲜百合			百合干片
	6月	7月	8月	9月
销售量（公斤）				
销售单价（元/公斤）				
销售收入（元）				

销售与成本计划　　　　　　　单位：元

项目	金额\月份	10月	11月	12月	1月	2月	3月	4月	5月	6月	7月	8月	9月	合计
销售	含税销售收入													
	增值税													
	销售净收入													
成本	购百合种球费													
	购肥料费													
	购农药费													
	经理薪金													
	零工工资													
	土地流转费													
	促销费													
	保险费													
	燃油费													
	维修费													
	水电费													
	电话费													
	办公用品购置费													
	其他费用													
	折旧额和摊销额													
	总成本													

第八步　如何制订你的利润计划

续表

项目\金额\月份		10月	11月	12月	1月	2月	3月	4月	5月	6月	7月	8月	9月	合计
附加税费														
利润														
所得税	企业所得税													
	个人所得税													
	其他													
净利润														

注：彭小虎的企业是以家庭为单位的农村承包经营户，可以享受税收优惠政策，练习时暂时不用考虑税费的计算。

习题2

朱小强在县城开了一家文具店，这家文具店属于贸易企业的小规模纳税人。请你根据以下信息预测朱小强这家文具店的年净利润。

- 含税销售收入总计38 000元/月。
- 进价总额为16 000元/月。
- 其他经营成本为3 500元/月。
- 该企业享受小微企业税收优惠政策。

习题3

王明在乡里注册了一家竹木制品有限公司，这家竹木制品有限公司属于制造企业的小规模纳税人。请你根据以下信息为王明预测企业年净利润。

- 含税销售收入总计65 000元/月。
- 材料成本为35 750元/月。
- 人工成本：员工3人，月工资3 200元/人；总经理薪金4 000元/月。
- 其他经营成本为3 250元/月。
- 该企业享受小微企业税收优惠政策。

在销售与成本计划中，你既能看到销售收入也能看到企业成本，而且可以清楚地知道你的企业是否赢利。当你计划开办一家企业时，你应该预测第一年中每个月的利润。

完成第108页的实践30，制订你的企业销售与成本计划。

四、制订现金流量计划

现金就像是使企业这台发动机运转的燃料,有些企业主由于缺乏管理现金流量的能力,导致企业经营中途抛锚。现金流量计划中很明确地显示出每个月预计会有多少现金流入和现金流出。制订现金流量计划将帮助你的企业保持充足的动力,使你的企业在任何时候都不会陷入现金短缺的困境。

大多数企业每天都要收取和支付现金,成功的企业主必须制订现金流量计划。当然,制订现金流量计划绝非易事,会受到很多因素的影响,例如:

- 有些顾客会要求赊账,这样一来,你的企业通常需要在几个月后才能收回现金。如果你在制订市场营销计划时已经决定允许赊销,现在你就要考虑这个因素。
- 企业采购过程中有时会赊账,以后再付现金,这也会使现金流量计划的制订变得更加复杂。但赊购现象在新企业中不太常见,你需要结合自身情况考虑。
- 企业的某些费用是非现金形式的,如设备折旧等,这些项目将不被列入现金流量计划。但是,一旦过了设备折旧期,设备就有可能丧失功能,你就必须用现金购买新设备。如果你没有考虑这个因素,没有提前备足现金,你的企业可能就难以正常运转。

 记住

利润不等于现金。

王强和刘丽的创业故事（二十九） 制订现金流量计划

王强和刘丽资金少，不能批量采购原材料，于是他们提早与柳编材料供应商进行了接触。经过沟通，供应商答应按月向他们提供原材料，但是价格稍贵一些。解决完原材料供应问题，王强和刘丽计划2月份建造水池、地窖并购买设备、工具等。此外，他们还打算将一半的产品以赊销方式出售，放账30天。据此，他们制订出现金流量计划。

单位：元

项目		2月	3月	4月	5月	6月	7月	8月	9月	10月	11月	12月	合计
月初现金		—	12 900	4 825	15	-1 695	-95	-655	-1 215	-1 775	1 200	8 452.5	—
现金流入	现金销售	—	2 160	3 240	7 560	5 400	5 400	5 400	5 400	12 960	5 940	9 720	63 180
	赊账销售	—	—	2 160	3 240	7 560	5 400	5 400	5 400	5 400	12 960	5 940	53 460
	贷（借）款	—	—	—	—	—	—	—	—	—	—	—	—
	企业主投入	23 000	—	—	—	—	—	—	—	—	—	—	23 000
	现金流入合计	23 000	2 160	5 400	10 800	12 960	10 800	10 800	10 800	18 360	18 900	15 660	139 640
可支配现金		23 000	15 060	10 225	10 815	11 265	10 705	10 145	9 585	16 585	20 100	24 112.5	—
现金流出	现金采购	—	1 150	1 725	4 025	2 875	2 875	2 875	2 875	6 900	3 162.5	5 175	33 637.5
	赊账采购	—	0	0	0	0	0	0	0	0	0	0	0
	企业主薪金	—	2 700	2 700	2 700	2 700	2 700	2 700	2 700	2 700	2 700	2 700	27 000
	员工工资	—	5 400	5 400	5 400	5 400	5 400	5 400	5 400	5 400	5 400	5 400	54 000

续表

项目	金额 月份	2月	3月	4月	5月	6月	7月	8月	9月	10月	11月	12月	合计
现金流出	促销费	—	150	150	150	150	150	150	150	150	150	150	1 500
	保险费	—	600	—	—	—	—	—	—	—	—	—	600
	维修费	—	35	35	35	35	35	35	35	35	35	35	350
	电话费	—	200	200	200	200	200	200	200	200	200	200	2 000
	设备购置费	1 200	—	—	—	—	—	—	—	—	—	—	1 200
	场地费	7 200	—	—	—	—	—	—	—	—	—	—	7 200
	开办费	700	—	—	—	—	—	—	—	—	—	—	700
	装修费	1 000	—	—	—	—	—	—	—	—	—	—	1 000
	贷款本息	—	—	—	—	—	—	—	—	—	—	—	—
	增值税	—	—	—	—	—	—	—	—	—	—	—	—
	附加税费	—	—	—	—	—	—	—	—	—	—	—	—
	企业所得税	—	—	—	—	—	—	—	—	—	—	533.95	533.95
	现金流出合计	10 100	10 235	10 210	12 510	11 360	11 360	11 360	11 360	15 385	11 647.5	14 193.95	129 721.45
月底现金		12 900	4 825	15	-1 695	-95	-655	-1 215	-1 775	1 200	8 452.5	9 918.55	—

现金流量计划做出后，王强和刘丽很快就发现了问题。现金流量计划反映出开业第3个月至第7个月现金短缺，最多的时候是9月，缺口为1 775元，这出乎他们的意料。其主要原因是，前两个月销售水平不高，只有200个、300个，销售收入少。另外，他们也没有预计到赊销会占用那么多的资金。原以为自己的那点钱够用，现在看来还得借些钱。

注：月底现金＝月可支配现金－现金流出＝月初现金＋现金流入合计－现金流出合计。

制订现金流量计划,你能明确企业各阶段的流动资金需求。你的企业可根据自身实际情况按短期、中期和长期的不同期限对现金流进行预测。通常期限越长,预测的准确性越差。因此,选择何种期限的现金流预测方法非常重要。短期的现金流量预测相比中期和长期的预测更具时效性,更能充分地掌握、控制现金流的周期和流动性。企业一般按月编制现金流量计划,如需更准确地预测短期的现金流,也可以根据自身情况按周或按日编制现金流量计划。

记住

在现金流入发生较晚而现金流出却发生较早的情况下,月中的现金缺口会比月末的更大。

练习 10

完成下面关于如何制订现金流量计划的练习。

习题 1

彭小虎打工十几年积攒了 15 万元现金,在小镇上还有一处价值 20 万元的房产。他决定用积攒的 15 万元现金作为种植百合的启动资金。请你结合前面练习中获得的信息,为彭小虎制订一份 12 个月的现金流量计划。

单位:元

项目	金额 月份	10月	11月	12月	1月	2月	3月	4月	5月	6月	7月	8月	9月	合计
月初现金														
现金流入	现金销售													
	赊账销售													
	贷款													
	企业主(股东)投入													
	现金流入合计													
可支配现金														

续表

项目 \ 金额 \ 月份		10月	11月	12月	1月	2月	3月	4月	5月	6月	7月	8月	9月	合计
现金采购	百合种球													
	肥料													
	农药													
现金流出	赊账采购													
	薪金和工资													
	土地流转费													
	促销费													
	保险费													
	燃油费													
	维修费													
	水电费													
	电话费													
	办公用品购置费													
	贷款本息													
	税金													
	投资（列出项目）													
	现金流出合计													
	月底现金													

第八步 如何制订你的利润计划

请你回答以下问题：
- 这15万元现金够不够种植50亩地的百合？
- 如果不够，彭小虎还需要筹集多少资金？

习题2

李梅为自己的电商店铺制订了半年的现金流量计划。请你阅读这个现金流量计划并回答以下问题：
- 4月流入企业的现金总量是多少？
- 2月底现金是多少？
- 哪个月现金短缺最多，原因是什么？
- 你认为李梅至少需要筹措多少钱来开办她的企业？

单位：元

项目	金额 月份	1月	2月	3月	4月	5月	6月
	月初现金	—	11 170	3 820	-7 930	-13 480	-9 230
现金流入	现金销售	8 960	14 800	19 600	26 800	36 600	41 000
	企业主（股东）投入	40 000	—	—	—	—	—
	现金流入合计	48 960	14 800	19 600	26 800	36 600	41 000
现金流出	现金采购	20 000	16 000	25 000	26 000	26 000	32 000
	薪金和工资	3 000	3 000	3 000	3 000	3 000	3 000
	店铺装修费	2 000	—	—	—	—	—
	平台押金	1 000	—	—	—	—	—
	保险费	1 440	—	—	—	—	—
	水电费	150	—	150	150	150	150
	电话费	200	200	200	200	200	200
	宽带费	1 200	—	—	—	—	—
	网络推广费	2 000	2 000	2 000	2 000	2 000	2 000
	固定资产投资	6 000	—	—	—	—	—
	物流费	800	800	1 000	1 000	1 000	1 000
	税费合计	—	—	—	—	—	—
	现金流出合计	37 790	22 150	31 350	32 350	32 350	38 350
	月底现金	11 170	3 820	-7 930	-13 480	-9 230	-6 580

五、筹资渠道

你已经确定了你开办企业所需要的启动资金,现在,你要考虑从哪里筹集到这笔资金。对于大多数小微企业来说,启动资金主要来自企业主自己的积蓄。如果你还需要筹集更多的资金,则可以尝试以下渠道:

- 从朋友或亲戚处借钱。
- 从政府部门获取资金支持。
- 从银行或其他金融机构贷款。
- 天使投资。
- 风险投资。

筹集启动资金并非易事,你可能需要尝试不同的渠道,有时可能要同时从几个渠道筹集足够的费用。

1. 从朋友或亲戚处借钱

从朋友或亲戚处借钱是筹集启动资金最常见的做法。但是,一旦你的企业经营失败,朋友或亲戚会因收不回自己的钱而责怪你。因此,从一开始你就要向他们说明借钱给你具有一定的风险。为帮助他们了解你的企业,你要给他们一份你的创业计划书副本,并定期向他们报告创业进展情况。

2. 从政府部门获取资金支持

目前,为鼓励创业,国家已经制定出台多项相关法规和优惠政策,创造了较为宽松的创业环境。其中,人力资源社会保障部门专门制定政策,为创业人员提供创业担保贷款;科技部门为高校科技人员和学生科技创业提供专项资金;农业、林业等部门为农业创业项目提供了农业扶持资金,例如家庭农场、农民专业合作社、现代农业产业等均可申报项目补贴资金。所以,你在寻找资金时,也可以寻求相关政府部门的帮助。

3. 从银行或其他金融机构贷款

银行或其他金融机构是正规的金融部门,它们发放贷款时有严格的审批条件和审查程序。农、林、牧、渔企业可以申请农业贷款,农业贷款的申请一般由农村信用合作社办理。

申请贷款的基本程序如下:

你要向你计划申请贷款的银行或其他金融机构提出书面借款申请,并附上你的创业计划书等相关材料。

银行或其他金融机构一般会要求你提供贷款抵押品或质押品,如私人房产、银行存单、有价证券等。如果以私人房产做抵押，你还要办理房产价值评估以及公证等手续。而且，银行或其他金融机构为了降低风险，一般不会按抵押品的实际价值给你发放贷款。它们通常要确保抵押资产的价值高于你的贷款额和未付利息额。如果你的企业经营失败，你将失去这些个人资产。即使你有抵押品，它们也会比较审慎地发放贷款。

4. 天使投资

天使投资属于个人投资行为，手续简便，是自由投资者或非正式风险投资机构对原创项目构思或小型初创企业进行的一次性的前期投资，主要面向初创期和种子期的企业。天使投资人一般不参与管理，投资金额较小，对创业项目的审查相对宽松且不涉足投资人不熟悉的行业，大都基于投资人的主观判断或喜好而做出投资决定。

很多天使投资是通过朋友、亲戚或社交圈介绍而实现的。如果你想让天使投资人投资你的创业项目，你就不能忽视对自身信用资质和良好口碑的培养，而且要为此准备好企业运营和财务方面的信息和数据。

在农业领域，天使投资非常关注农业政策支持的项目和农业科技创新项目，如互联网农业（电商）项目近年来得到天使投资人的青睐。

5. 风险投资

风险投资（Venture Capital，VC）的投资对象一般是具有高科技、高成长潜力的企业。风险投资一般金额较大，不需要抵押，也不需要偿还，投资期限至少3年，以5~7年比较常见。投资方式通常是以投资换股权，投资的目的不是控股，而是追求超额回报。当被投资企业增值后，风险投资人会通过上市、收购兼并或其他股权转让方式撤出资本，实现增值。

风险投资人选择投资对象时非常看重创业团队、项目市场规模和赢利模式。他们对于农业高新技术项目颇为关注，如智慧农业项目等。

除上述筹资渠道外，采用赊购的方式也可以缓解短时间的资金短缺。例如，每年播种的季节，农户们可向供应商赊购种子、农药和化肥等。但要注意的是，赊购和赊销存在一定的局限性和风险，你一定要慎重考虑。

王强和刘丽的创业故事（三十） 借钱

王强和刘丽经过计算发现，企业9月的现金缺口近2 000元，他们需要尽快筹钱。但他俩不想找更多的合伙人，也不愿意动用亲戚朋友的钱创业。他们听说当地农业银行推出了个人创业贷款项目，可以用房产做抵押申请，年息4%，贷款期限6个月。他们递交了一份申请，借到了6 000元，5月初借，10月底还，期限6个月。

为弄清这些资金是否够用，王强和刘丽修改了现金流量计划。修改后的现金流量计划如下：

单位：元

项目	金额 月份	2月	3月	4月	5月	6月	7月	8月	9月	10月	11月	12月	合计
	月初现金	—	12 900	4 825	15	4 285	5 865	5 285	4 705	4 125	1 060	8 312.5	—
现金流入	现金销售	—	2 160	3 240	7 560	5 400	5 400	5 400	5 400	12 960	5 940	9 720	63 180
	赊账销售	—	—	2 160	3 240	7 560	5 400	5 400	5 400	5 400	12 960	5 940	53 460
	贷（借）款	—	—	—	6 000	—	—	—	—	—	—	—	6 000
	企业主投入	23 000	—	—	—	—	—	—	—	—	—	—	23 000
	现金流入合计	23 000	2 160	5 400	16 800	12 960	10 800	10 800	10 800	18 360	18 900	15 660	145 640
	可支配现金	23 000	15 060	10 225	16 815	17 245	16 665	16 085	15 505	22 485	19 960	23 972.5	—
现金流出	现金采购	—	1 150	1 725	4 025	2 875	2 875	2 875	2 875	6 900	3 162.5	5 175	33 637.5
	赊账采购		0	0	0	0	0	0	0	0	0	0	0

续表

项目	月份金额	2月	3月	4月	5月	6月	7月	8月	9月	10月	11月	12月	合计
现金流出	企业主薪金	—	2 700	2 700	2 700	2 700	2 700	2 700	2 700	2 700	2 700	2 700	27 000
	员工工资	—	5 400	5 400	5 400	5 400	5 400	5 400	5 400	5 400	5 400	5 400	54 000
	促销费	—	150	150	150	150	150	150	150	150	150	150	1 500
	保险费	—	600	—	—	—	—	—	—	—	—	—	600
	维修费	—	35	35	35	35	35	35	35	35	35	35	350
	电话费	—	200	200	200	200	200	200	200	200	200	200	2 000
	设备购置费	1 200	—	—	—	—	—	—	—	—	—	—	1 200
	场地费	7 200	—	—	—	—	—	—	—	—	—	—	7 200
	开办费	700	—	—	—	—	—	—	—	—	—	—	700
	装修费	1 000	—	—	—	—	—	—	—	—	—	—	1 000
	贷款本息	—	—	—	20	20	20	20	20	6 020	—	—	6 120
	增值税	—	—	—	—	—	—	—	—	—	—	—	—
	附加税费	—	—	—	—	—	—	—	—	—	—	—	—
	企业所得税	—	—	—	—	—	—	—	—	—	—	521.95	521.95
	现金流出合计	10 100	10 235	10 210	12 530	11 380	11 380	11 380	11 380	21 425	11 647.5	14 181.95	135 849.45
月底现金		12 900	4 825	15	4 285	5 865	5 285	5 285	4 705	4 125	1 060	8 312.5	9 790.55

王强和刘丽现在知道了，通过借钱他们能够开办和经营企业并偿还贷款。但贷款利息又构成一项成本，他们必须修改销售与成本计划。修改后的销售与成本计划如下：

单位：元

	月份 金额 项目	3月	4月	5月	6月	7月	8月	9月	10月	11月	12月	合计
销售	含税销售收入	4 320	6 480	15 120	10 800	10 800	10 800	10 800	25 920	11 880	19 440	126 360
	增值税	0	0	0	0	0	0	0	0	0	0	0
	销售净收入	4 320	6 480	15 120	10 800	10 800	10 800	10 800	25 920	11 880	19 440	126 360
成本	原材料和包装费	1 150	1 725	4 025	2 875	2 875	2 875	2 875	6 900	3 162.5	5 175	33 637.5
	经理薪金	2 700	2 700	2 700	2 700	2 700	2 700	2 700	2 700	2 700	2 700	27 000
	员工工资	5 400	5 400	5 400	5 400	5 400	5 400	5 400	5 400	5 400	5 400	54 000
	促销费	150	150	150	150	150	150	150	150	150	150	1 500
	保险费	50	50	50	50	50	50	50	50	50	50	500
	维修费	35	35	35	35	35	35	35	35	35	35	350
	开办费	700	—	—	—	—	—	—	—	—	—	700
	电费、电话费	200	200	200	200	200	200	200	200	200	200	2 000
	折旧额和摊销额	133.3	133.3	133.3	133.3	133.3	133.3	133.3	133.3	133.3	133.3	1 333

续表

金额\月份\项目		3月	4月	5月	6月	7月	8月	9月	10月	11月	12月	合计
成本	贷款利息	—	—	20	20	20	20	20	20	—	—	120
	总成本	10 518.3	10 393.3	12 713.3	11 563.3	11 563.3	11 563.3	11 563.3	15 588.3	11 830.8	13 843.3	121 140.5
附加税费		0	0	0	0	0	0	0	0	0	0	0
利润		−6 198.3	−3 913.3	2 406.7	−763.3	−763.3	−763.3	−763.3	10 331.7	49.2	5 596.7	5 219.5
企业所得税		—	—	—	—	—	—	—	—	—	—	521.96
净利润		—	—	—	—	—	—	—	—	—	—	4 697.55

王强和刘丽把销售与成本计划和现金流量计划一并交给一位会计师提意见。会计师提出了以下几点意见：

● 未预计生产过程中的废品损耗。

● 2月、3月、5月、10月、12月是销售旺季，在销售旺季到来前应扩大生产量，适当增加产品库存，未预计库存产品的原材料采购费用。

● 在表中没有发现交通费支出。

他们很感谢会计师的指点，决定重新修改计划。

记住

在现金流量计划中，原材料的采购量应按产品特点合理预测，有些企业可按零库存进行预测，但有些小企业在开业的头几个月需要采购数量较多的原材料，往往进货量比销售量大，这就需要企业在制订现金流量计划时做更多的现金采购金额预算。

完成第109页的实践31，制订你的企业现金流量计划。

小结

制订你的利润计划，要按下列步骤去做：

- 确定你向顾客提供产品或服务的销售价格。先计算产品或服务成本，结合成本和你从市场调查中收集到的价格信息确定销售价格。
- 预测开业后至少6个月的销售收入。
- 制订销售与成本计划，看看你的企业在你所预测的这段时间内是赚钱还是亏本。
- 制订现金流量计划，看看你是否有足够的现金来满足流动资金的需要。

销售与成本计划和现金流量计划的对比如下：

比较项目	销售与成本计划	现金流量计划
折旧	包括	不包括
贷款利息	包括	包括
贷款本金	不包括	包括
销售	当月有订单的记录销售（赊销和现金）	当月收到现金的记录销售

通过修改销售与成本计划和现金流量计划，你能够更准确地确定开办企业所需要的资金。如果你需要贷款，请认真考虑贷款的渠道。对于大多数新办小微企业而言，启动资金主要来源于企业主自己的积蓄。筹集资金时，你要有恒心和决心，重要的是要做好自己的创业计划书。

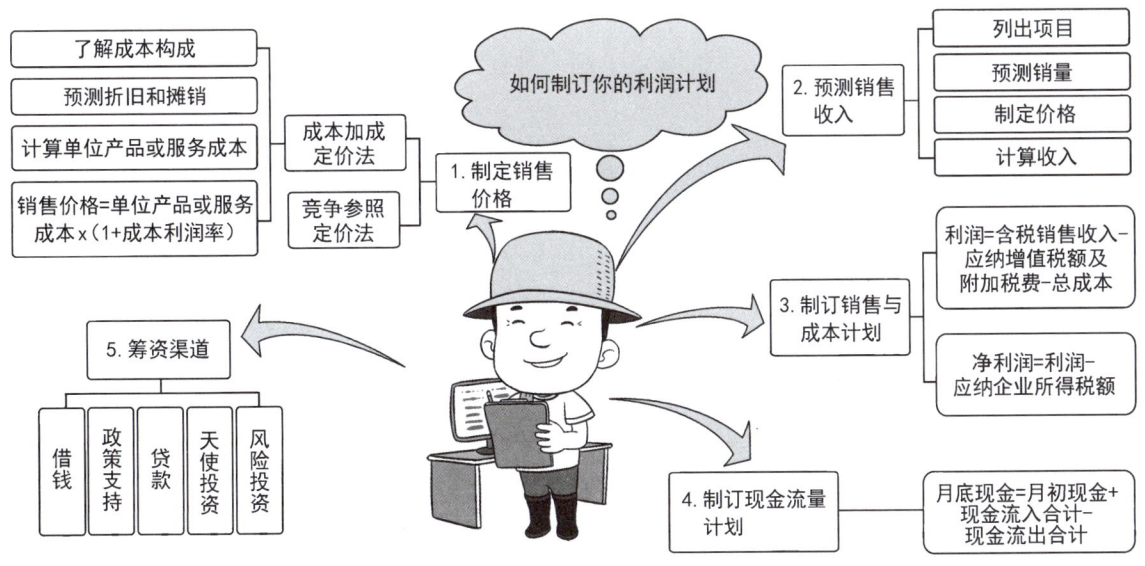

第九步　如何判断你的企业能否生存

在创办一家企业之前,你需要收集大量的信息。在顺利完成前面所有步骤的学习之后,你已经通过大量的练习和实践,掌握了充足的信息。

在这一步,你要对所有信息进行综合分析,完成你的创业计划书,再度判断你的创业项目有多大的成功机会,从而决定你是否应该创办这家企业。

一、为什么要编制创业计划

向银行表明未来你能做成什么样子。

帮助你判断创业成功的可能性有多大。

创业计划就像你创业的指南针,将告诉你创业过程中每个步骤要做什么、为什么这样做和应该怎样做。编制创业计划可以保证你的企业能够向预定目标不断前进,及时发现并解决问题。它为你提供了一个在纸面上测试你所构思的创业项目的机会。如果创业计划表明你的企业想法不好,你可以放弃或调整它,这样就能避免时间、金钱和精力的浪费。

 记 住

"吃不穷用不穷,算计不到一世穷!"创业过程中不可控制和不可预见的风险因素很多,一份完善的创业计划有助于你厘清思路、及早规避风险。

二、完成你的创业计划书

你的创业计划书一定要写得很详尽，它应该包括以下几个部分。

- 企业概况：简述选择创业项目的理由，你的企业愿景（希望成为怎样的企业），重点说明你的主要经营范围和企业类型。
- 创业者的个人情况：你要分析你具备的相关知识和经验，对自己的创业能力进行理性评估。
- 市场评估：任何企业都要通过满足顾客需求来获取利润。你要调查和了解市场的大小、未来的发展前景，以及目标顾客和竞争对手的情况。
- 市场营销计划：你要针对目标顾客的需求确定产品的市场定位，详细介绍产品或服务的特点、价格、营业地点、销售渠道和促销方式。
- 企业组织：你要考虑如何组建企业，包括企业的法律形态、组成人员及其职责。
- 投资：创业前期你要进行投资预测，包括采购设备、装修店面等，合理、有效的投资有利于降低创业风险。
- 流动资金：你要考虑企业日常运转所需要支出的资金，一般每个月的运转资金包括工资、租金、水电费、办公用品购置费、保险费、电话费等，必需、必要的流动资金是企业正常运转的保证。
- 销售收入预测：你要知道你预测的销售量是否切合实际，它能带来多少收入。
- 销售与成本计划：你要通过测算成本和利润来了解企业的损益情况。
- 现金流量计划：你要更准确地测算出每个月的现金流入和现金流出情况，及时采取应对措施，帮助你的企业保持充足的动力，使你的企业在任何时候都不会面临现金短缺的问题。
- 附件：一般来讲，你提供的信息越详尽，获取帮助的机会就越大。你可以根据需要，把诸如申请哪种营业执照、合伙协议、公司章程、产品或服务目录、价格表、岗位职责和工作定额等内容都附在创业计划书的后面。

创业计划书内容	对应的教材内容
企业概况	第二步
创业者的个人情况	第一步
市场评估	第三步
市场营销计划	第三步

续表

创业计划书内容	对应的教材内容
企业组织	第四步、第五步、第六步
投资	第七步
流动资金（月）	第七步
销售收入预测（12个月）	第八步
销售与成本计划	第八步
现金流量计划	第八步
附件	按培训要求提供相关资料

创业计划书的格式并不是一成不变的，实际操作中你可以根据自己的实际情况设计和选择不同的创业计划书格式进行撰写。我们的培训要求创业者完成规定格式的创业计划书。只要你能根据要求写出你的创业计划，那么你再写其他格式的创业计划书就没有什么困难了。申请贷款时，银行等金融机构可能要了解更加详细的情况，或要求你用另一种格式写出创业计划，但无论如何，上述内容均不可少。

三、你可以开办企业了吗

现在，你的创业计划书已经完成，接下来就要考察你是否做好了开业准备。你要考虑下列问题。

1. 你是否有决心和能力创办你的企业

你已经收集了大量有关创办企业的信息。现在，你要真实地面对自己，再次考虑你是否做好了开办和管理这家企业的准备。请返回去把《创办你的企业（乡村创业版）——创业意识手册》第一步中评价你的创业潜力的测试再做一遍，你的一些想法可能会有所变化。

2. 你的企业能否赢利

你的销售与成本计划反映了企业开办第一年可能获得的利润。企业前几个月可能没有赢利，但以后应该会有赢利。如果企业较长时间亏损或者利润很少，请考虑以下几个方面：

- 销售量能否提高？

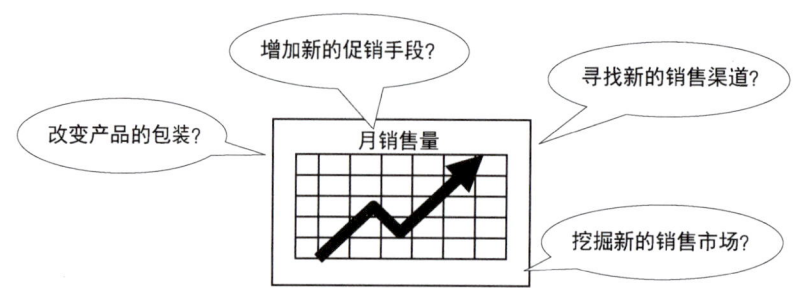

- 销售价格有没有提高的余地？

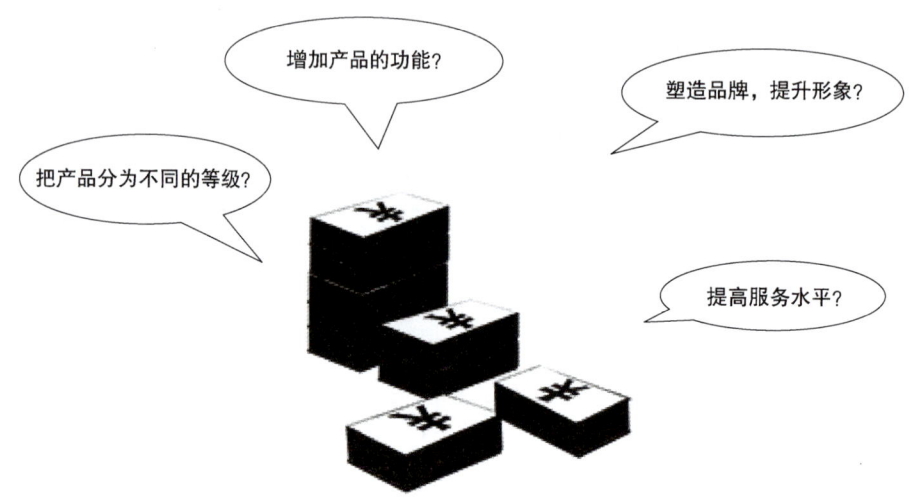

- 哪些成本最高？有没有可能降低这些成本？

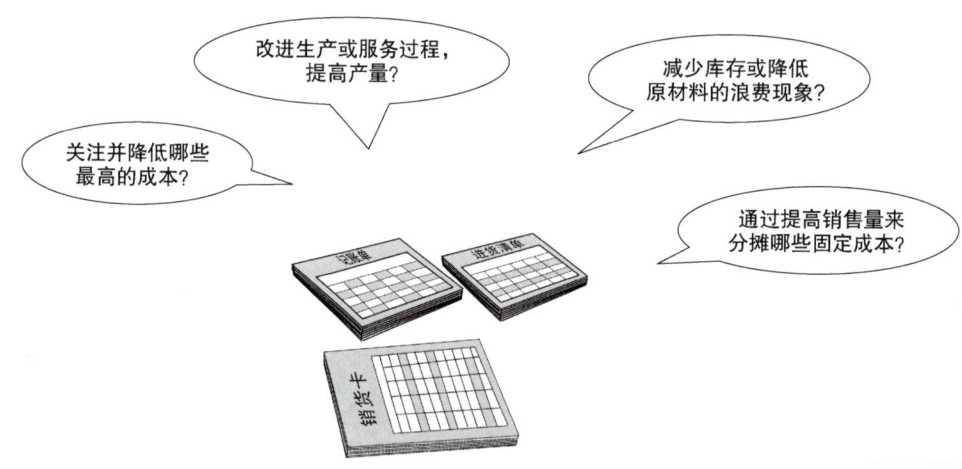

企业的收益起码要能支付你的薪金，你给自己定的薪金应该与你投入企业的时间和精力、你的能力和所担负的责任相称，它应等于你雇别人来做你的工作时该支付的工资。除了你的薪金之外，你的投资还应带来利润回报。

3. 你有没有足够的资金来办企业

你制订的现金流量计划显示了企业现金流入和现金流出的动态。你要有足够的现金去支付到期的账单。如果周转资金不足，即使企业有销售收入，也很可能会倒闭。

如果你编制的现金流量表显示某个月份现金短缺，你就要采取相应的措施，例如：

- 减少赊销额,加快现金回笼。
- 在不损害企业产品质量的前提下采购便宜的替代品或原材料,通过减少材料消耗来降低当月成本。
- 要求供应商延长你的付款期限。
- 减少电话费、电费等的费用开支。
- 推迟添置新设备。
- 租用或贷款购买设备。

完成第110~111页的实践32,你做好开业准备了吗?

4. 请人帮你审核你的创业计划书

有很多机构和专家可以帮助你审核创业计划书,例如:

- 政府有关部门。
- 熟悉你的业务领域和企业类型的咨询顾问。
- 本行业的成功人士、潜在的业务合作者。
- 一些协会的代表。
- 教育、科研或培训机构的相关人士。

你的创业计划书是一份非常重要的文件。你要反复审阅创业计划书的内容,直到自己满意为止。你要明白,创业计划书是要交给一些关键人物看的,例如潜在的投资者、合伙人或贷款机构等。所以,你要反复斟酌,以便准确地向他们传递他们所需要的信息。

记住

"商场如战场!"在向他人征求意见时,你要注意为你的项目保守核心商业机密。

四、制订开办企业的行动计划

现在你已经决定要开办企业,但你的企业计划还停留在纸面上。在和顾客打交道之前你还有很多工作要做。做这些事情要有章法,按部就班。所以,你还要制订一份行动计划,确定有哪些工作要做、由谁来做以及什么时候完成。

把要做的事情列一张清单,例如:

- 选择合适的营业地点。

- 筹集并落实启动资金。
- 办理企业登记注册手续。
- 接通水电、电话和网络。
- 购买或租用机器设备。
- 购买原材料。
- 招聘员工。
- 办理保险。
- 宣传你的企业。

在开办企业过程中，你要落实的事情有很多，所以尽量不要浪费时间。制订行动计划是能够帮助你合理安排任务的最简单、最有效的方法。计划要做得严谨，以免有遗漏事项。

王强和刘丽的创业故事（三十一） 心动不如行动

王强和刘丽觉得他们已经对创办企业所面临的主要问题考虑得很全面了，现阶段对这个项目的把握还是比较大的。但是，万事开头难，他们觉得要做的事情还有很多，有些事情也比较重要和紧急，该从哪里下手呢？夫妇俩经过商量决定，立即分工，按照事情的轻重缓急分头去落实创业前期的准备工作。他们拟订了一份行动计划，由王强负责监督每项工作的进展情况。

需要采取的行动	由谁来做	时间安排
办理注册、税务登记手续	王强	1月10日—2月10日
建造水池和地窖	王强和王小明	2月11日—2月18日
购买设备	王强	2月19日—2月23日
产品试生产	王强	2月24日—2月25日
宣传自己的企业	刘丽	2月1日—3月1日
与经销商联系，签订购销合同	王小明	2月1日—2月25日

完成第112页的实践33，制订开办企业的行动计划。

小结

创业计划就像指南针,它将帮助你判断创业的可行性,也将指导你创业的方向和路径。

第十步　如何面对你即将开办的企业

俗话说"创业容易守业难",把企业开办起来并不意味着你已经成功创业。企业一旦运转起来,你每天的工作就会非常繁重。

在这一步,你要了解一名优秀的企业主是怎样处理好日常企业管理工作的。然而,如何管好一家企业远比书本上说的要复杂得多,你每天要面对不同的困难和机遇,要面对企业内部和外部新的变化,一名优秀的企业主每天都要学习新东西。对此,你要有足够的心理准备。

一、企业的日常活动

企业的类型不同,其日常业务活动也有所差异。例如:

- 贸易企业的日常工作主要是销售、采购存货、记账和管理店员。
- 服务企业的日常工作是招揽生意,完成服务任务;管理职工,使他们的工作保质保量、有成效。除此之外,你还要采购材料、控制成本,为新业务定价。
- 制造企业的日常工作要复杂得多,要接订单,核实自己的生产能力,安排车间生产等。这意味着企业要购进原材料,调配好工厂的设备,监控工人的工作质量,控制成本,销售产品等。
- 农、林、牧、渔企业的日常工作更加辛苦,要采购种苗并确保种苗质量,在生产和生活条件相对艰苦的环境中组织或监督员工的工作,实时监控水、电、气的供应情况,随时了解气象变化、环境变化等信息,甚至要防止偷盗现象的发生等。

然而,不论企业属于哪种类型,一般情况下都会涉及以下日常工作:

- 管理员工。
- 采购存货和存货管理。
- 生产管理。
- 为顾客提供更多更好的服务。
- 控制成本。
- 制定价格。
- 做业务记录。
- 组织办公室工作。

1. 管理员工

第一，要树立团队合作意识，因为大多数员工喜欢集体配合工作。如果下达到团队的任务能够顺利完成，每个成员都会获得成就感。这种方法的好处主要在于：

- 提高员工的工作积极性——他们能体会到集体的成绩里有他们的一份贡献。
- 提高工作质量标准——团队成员共同配合解决质量问题。
- 提高生产效率——集体工作比单干更有助于员工各展其长。

第二，重视培训员工，这是企业成功的重要因素之一。虽然组织培训要花钱，但好处很多：

- 员工生产技术的提高有助于提高产品质量。
- 员工能学到新的、更有效的工作方法。
- 员工能觉得你关心他们，对他们的工作满意。

第三，重视员工的安全。如果员工因工伤或患职业病而离职，你需要承担相关责任，并且还要招聘和培训新员工，所以你要保护你的员工，防止他们发生工伤事故或患职业病。作为企业主，你要对因安全措施不到位引发的工伤事故负责。安全措施不只意味着避免工伤事故，还包括改善工作条件，如降低噪声、提高照明度、消除有害液体和气体等。

对于职业安全卫生及健康管理，国家建立了完善的法律法规体系。如果企业违规，不仅会给别人带来伤残的痛苦，而且还要负担抚恤金，甚至承担相应的法律责任。所以，重视员工的安全，关心员工的健康，不仅有利于提高员工的工作积极性，而且还会让你的企业规避不必要的风险。

记住

"一个篱笆三个桩，一个好汉三个帮！"企业的成功是所有员工共同努力的结果。如果员工技能不足、积极性不高、配合不当，即便你有一个好的企业想法，最终也无法成功。所以，你要非常重视对员工的培训和激励。

2. 采购存货和存货管理

所有企业在经营过程中都会买进卖出。零售商从批发商处买来商品，然后卖给顾客。批发商从制造商处进货，然后卖给零售商。制造商从不同渠道采购原材料制成产品，然后卖给顾客。服务企业的经营者买来设备和材料，然后出售他们的服务。

企业要对采购的原材料和商品等存货建立验收、保管、领用、盘点等管理制度，保证存货的安全完整，提高存货的运营效率。

记 住

"种瓜得瓜，种豆得豆！"慎重地采购原材料和选择服务可以保证产品质量，降低成本并提高利润。

3. 生产管理

生产管理是制造企业、特定服务企业和农、林、牧、渔企业的一项日常工作。在生产管理过程中，企业主通常要做以下决策：

- 生产什么。
- 何处生产。
- 何时生产。
- 如何生产。
- 生产数量。
- 生产质量。

 记 住

"麦要浇芽，菜要浇花！"只有合理地组织和安排你的企业生产，才能为顾客提供保质保量的产品或服务。

4. 为顾客提供更多更好的服务

大多数企业本来可以卖出更多的产品，但它们却没有认识到这一点。企业的经营者要尽可能去了解顾客，了解顾客想要什么、顾客的需求发生了什么变化等。

为顾客提供更多更好的服务，不断提高和改进你的服务质量，才会使顾客满意。满意的顾客可以成为你的回头客，也会从你的企业购买更多的产品，他们会将你的企业和产品告诉他们的朋友和周围的人，满意的顾客越多，意味着企业的销售量会越大，企业的利润也就会越多。

 记 住

"顾客是企业的衣食父母！"如果没有顾客，任何企业都将无法生存。

5. 控制成本

作为企业主，你要清楚生产成本或进货成本，这有助于你制定价格，赚取利润。把成本维持在最低限度对你来说是很关键的。

这方面的信息来自你的财务会计系统。即使是最简单的财务记录，也会为你提供计算企业成本的依据。

企业成本是企业资金支出的根源，因此，合理控制成本有助于提高企业的利润。

 记住

"生产好比摇钱树，节约好比聚宝盆！"企业主和员工都应该树立控制成本的意识，用最少的钱办最多的事，追求经营利润最大化。

6. 制定价格

你要为你的产品或服务制定合适的价格，使你的产品或服务既能产生利润，又具有相当的竞争力。你要明白，只有销售收入大于成本，才会有利润。因此，在制定价格之前，你必须先摸清成本，否则你无从知道企业是否赢利。

 记住

"随行就市生意活！"制定价格时，你不仅要考虑成本，还要考虑顾客接受程度、竞争对手情况、季节和气候变化、产品或服务的新颖程度等诸多因素，灵活制定价格。

7. 做业务记录

作为企业主，你必须知道企业经营状况，做好企业的业务记录。如果经营遇到困难，你可以通过分析业务记录发现问题所在。如果企业运转良好，你也能利用这些记录进一步了解企业的优势所在，使你的企业更具竞争力。做好业务记录能帮助你做出有利的经营决策。

此外，做好业务记录还有助于开展以下工作：
- 控制现金。
- 控制赊账。
- 随时了解你的企业的负债情况。
- 控制库存量。
- 了解员工动态。
- 掌握固定资产状况。
- 上缴税款。
- 制订计划。

大多数小微企业为节省开支而往往不会聘用专职会计，要想掌握现金流量，你要自主学习简单的记账方法。虽然不同企业的记账方式有所差别，但一般都包括以下内容：

- 收入的资金。
- 支出的资金。
- 债权人。
- 债务人。
- 资产和库存。

"好记性不如烂笔头！"做好业务记录有助于你做出科学决策，这也是成功企业主应养成的好习惯。

8. 组织办公室工作

办公室是你的信息中心。因此，办公室工作组织和领导得好坏对企业也会产生影响。你需要购买办公设备和办公用品，可以为它们加上醒目的企业标识。此外，你还要设立一个接待顾客和来访者的场所。

"人靠衣服马靠鞍！"组织好办公室工作有助于提高你的企业工作效率，提升你的企业形象。

二、下一步做什么

"创办你的企业"培训课程为你开办企业奠定了坚实的基础，但要经营好一家企业，你还要不断提高自己的经营管理能力。经营企业的课题更复杂，要学习的东西更多。要想成功，你必须不断学习，改善经营。随着你经营管理能力的提高，你的企业成功的希望就越大。

人力资源社会保障部与国际劳工组织合作开发的"改善你的企业"培训课程，能为你提供创办企业后的更多信息。"改善你的企业"培训课程服务的对象是那些创办企业时间不长，但通过企业的日常经营已经有了一些企业管理体验，迫切需要系统了解企业管理知识、建立基本企业管理体系的小企业家。学习"改善你的企业"培训课程需要学习7本独立的培训册，即《市场营销》《采购》《存货管理》《成本核算》《记账》《企业计划》和《人与生产力》，每本培训册围绕一个企业管理专题提供相关知识和练习。

各培训册的主要内容如下。

- 《市场营销》：了解你的顾客、满足你的顾客、提高销售技巧等。
- 《采购》：什么是采购、采购管理的八个步骤、为企业挑选最好的供应商等。
- 《存货管理》：好的存货管理的指标、维护存货记录、存货盘点的步骤等。
- 《成本核算》：了解成本、制造商和服务商的成本核算、零售商和批发商的成本核算等。
- 《记账》：怎样建立一个简单的记账系统、利用记账系统分析并改善你的企业等。
- 《企业计划》：怎样建立和利用销售与成本计划、现金流量计划改善你的企业等。
- 《人与生产力》：人与生产力的关系、人如何影响生产力、合适的员工、激励员工提高生产力、安全高效的工作场所、问题员工、企业关系与生产力等。

如果你想了解更多的信息，可以与中国就业培训技术指导中心联系（网址：www.cettic.gov.cn）。如果你想学习"改善你的企业"培训课程，可以与当地人力资源社会保障部门联系。

小结

把企业开办起来并不意味着你已经成功创业，这只是你创业的开始。企业开业后，你要管理好自己的企业，处理好企业的日常工作。

实 践

实践 16　确定你的目标顾客

顾客特征	情况
谁将成为你的顾客（一般性描述）	
年龄	
性别	
地点（他们住在哪里）	
工资水平（具体数字）	
他们平均多长时间购买一次你的产品或服务（每日、每周、每月、每季度、每年）	
他们愿意出多少钱购买你的产品或服务	
他们的购买量有多大	
未来的市场规模和趋势（未来顾客数量会增加、减少或保持不变）	

实践 17　确定你的竞争对手并做出优势分析

比较的内容项目 \ 我和竞争对手	我的产品或服务	竞争对手甲的产品或服务 姓名：_____ 地址：_____ 电话：_____	竞争对手乙的产品或服务 姓名：_____ 地址：_____ 电话：_____	竞争对手丙的产品或服务 姓名：_____ 地址：_____ 电话：_____
价格合理性				
质量可靠性				
购买方便性				
顾客满意度				
员工技术水平				
企业知名度				
品牌信誉度				
广告有效性				
交货及时性				
地理位置优越性				
销售策略（如赊销、折扣）				
售后服务				
设备				
销售量				

我的产品或服务很特别,特征如下:

我的产品或服务与竞争对手相比,主要优势体现在:

与竞争对手甲相比:

与竞争对手乙相比:

与竞争对手丙相比:

实践 18　准备你的市场营销计划——产品

填表说明：

1. 在下表顶端一行列出你的企业将出售的所有产品。如果你的企业将出售的产品超过 5 种，请自行增加列数。

2. 在下表第一列中填写产品的特征，如产品的质地、色泽、规格、包装、维修等，或服务的效率、质量等。

3. 在表中空格内填写每一种产品特征的具体内容。

特征＼内容＼产品	（1）	（2）	（3）	（4）	（5）

实践 19　准备你的市场营销计划——价格

填表说明：

1. 在下表顶端一行列出你的企业将出售的所有产品。如果你的企业将出售的产品超过 5 种，请自行增加列数。

2. 在下表第一列中已经列出了一些与你的产品价格有关的项目，请根据实际情况预估与你的产品价格有关的其他项目。

3. 在表中空格内填写与产品价格有关项目的具体内容。

项目＼内容＼产品	（1）	（2）	（3）	（4）	（5）
竞争对手的平均价格					
你的产品成本价					
你的产品批发价					
你的产品零售价					
给谁折扣					
向谁赊销					

实践 20　准备你的市场营销计划——地点

1. 企业将设在什么地方？

2. 选择这个地点的原因：

3. 分销方式。（根据你的企业的实际情况选择并在相应的□内画"√"）
   我将把产品销售给：□顾客　　□零售商　　□批发商
4. 选择这种分销方式的原因：

实践 21　准备你的市场营销计划——促销

促销方式	具体内容	成本预测
广告		_____元
人员推销		_____元
营业推广		_____元
公共关系		_____元

实践 22　选择预测销售量的方法

为了能够更准确地预测销售量,你需要运用多种预测方法,最大限度地收集有效信息,并且要求所有的数据和信息都真实、可靠。

预测你的产品全年(12 个月)销售总量,并将预测结果填入下表。

预测方法 \ 销售量预测 \ 产品	(1)	(2)	(3)	(4)	(5)
经验预测法					
类比预测法					
试销预测法					
订单预测法					
调查预测法					

注：如需要,请加页。

实践 23 预测你的销售量

结合实践 22，综合考虑各种因素，预测你的产品各月销售量，从而确定全年销售总量。

产品 \ 销售量预测 \ 月份							

注：如需要，请加页。

实践 24 确定你的企业需要的员工

岗位	工作内容	完成这项工作需要的技能、经验和其他要求	你（企业主）有没有时间和技能、经验做这项工作		需要的员工数量
			有	没有	

实践 25　选择你的企业法律形态

1. 你选择的企业法律形态是什么？（请在相应的□内画"√"）
   □个体工商户　　　　　　□个人独资企业
   □合伙企业　　　　　　　□农民专业合作社
   □有限责任公司　　　　　□农村承包经营户
   □其他（请说明）＿＿＿＿＿＿＿＿＿＿

2. 选择这种企业法律形态的原因是：

---

3. 合伙（合作）协议要点。（如果你选择的企业法律形态是合伙企业、农民专业合作社、有限责任公司，需签订专门的合作协议。签订协议前请查看相关的法律条文或咨询专业人员）

条款＼协议内容＼合伙人（合作人）			
企业计划注册资金			
出资方式			
出资数额			
股权份额与利润分配			
亏损承担			
分工、权限和责任			
违约责任			
转股/转让、退股/退出及增资			
协议变更和终止			
其他条款			

实践 26　明确你的企业要承担的法律责任

税金			
税种		是否适用于你的企业（是/否）	适用税率
流转税	增值税		
所得税	企业所得税		
	个人所得税		
附加税费	城市维护建设税		
	教育费附加		
	地方教育费附加		
其他			

员工权益	
项目	具体内容
劳动报酬	
工作时间	
休息休假	
劳动保护和劳动条件	

保险		
项目		具体内容
社会保险	养老保险	
	医疗保险	
	失业保险	
	工伤保险	
	生育保险	
商业保险		

实践 27　预测你的企业的启动资金

一、投资

1. 企业用地和建筑

根据企业需求，拟建造或购买以下场地或建筑：

项目	数量	单价（元）	金额（元）
（1）			
（2）			
合计			

2. 设备

根据企业销售量预测，假设达到 100% 的生产能力，拟购置以下设备：

项目	数量	单价（元）	金额（元）
（1）			
（2）			
（3）			
（4）			
合计			

供应商名称	地址	电话或传真

3. 农业资产

根据企业销售量预测，拟购置以下农业资产：

项目	数量	单价（元）	金额（元）
（1）			
（2）			
（3）			

供应商名称	地址	电话或传真

4. 器具、工具和家具

根据企业生产经营活动需要，拟购置以下器具、工具和家具：

项目	数量	单价（元）	金额（元）
（1）			
（2）			
（3）			
合计			

供应商名称	地址	电话或传真

5. 交通工具

根据企业需要，拟购置以下交通工具：

项目	数量	单价（元）	金额（元）
（1）			
（2）			
合计			

供应商名称	地址	电话或传真

6. 电子设备

根据企业办公需要，拟购置以下电子设备：

项目	数量	单价（元）	金额（元）
（1）			
（2）			
（3）			
合计			

供应商名称	地址	电话或传真

7. 无形资产

根据企业需要，开业前拟购置以下无形资产：

项目	金额（元）	备注
（1）		
（2）		
合计		

8. 开办费

根据企业需要，开业前应支付以下费用：

项目	金额（元）	备注
（1）		
（2）		
（3）		
合计		

9. 其他投资

根据企业需要，除固定资产、无形资产、开办费外，还应支付以下费用：

项目	金额（元）	备注
（1）		
（2）		
（3）		
合计		

10. 投资预测概要

项目	金额（元）	年折旧额/摊销额（元）	月折旧额/摊销额（元）
企业用地和建筑			
设备			
农业资产			
器具、工具和家具			
交通工具			
电子设备			
无形资产			

续表

项目	金额（元）	年折旧额 / 摊销额（元）	月折旧额 / 摊销额（元）
开办费			
其他投资			
合计			

二、流动资金（月）

1. 原材料（商品）及包装费用

项目	数量	单价（元）	金额（元）
（1）			
（2）			
（3）			
（4）			
（5）			
合计			

2. 其他经营费用（不包括折旧费和贷款利息）

项目	金额（元）	备注
薪金和工资		
租金		
促销费		
保险费		
水电费		
办公用品购置费		
交通费		
合计		

实践 28　制定你的产品或服务的销售价格

销售的产品或服务	竞争对手的价格（元）	销售价格（元）
（1）		
（2）		
（3）		
（4）		
（5）		
（6）		
（7）		
（8）		

实践 29　预测你的企业的销售收入

销售情况 销售的产品或服务	月/季/年								合计
(1)	销售数量								
	销售单价（元）								
	销售收入（元）								
(2)	销售数量								
	销售单价（元）								
	销售收入（元）								
(3)	销售数量								
	销售单价（元）								
	销售收入（元）								
(4)	销售数量								
	销售单价（元）								
	销售收入（元）								
(5)	销售数量								
	销售单价（元）								
	销售收入（元）								
合计	销售总量								
	销售总收入（元）								

注：如需要，请加页。

实践 30 制订你的企业销售与成本计划

单位：元

项目		月/季/年											合计
销售	含税销售收入												
	增值税												
	销售净收入												
成本	原材料（列出项目）												
	（1）												
	（2）												
	（3）												
	包装费												
	薪金和工资												
	租金												
	促销费												
	保险费												
	维修费												
	水电费												
	电话费												
	宽带费												
	办公用品购置费												
	其他费用												
	折旧额和摊销额												
	总成本												
	附加税费												
	利润												
所得税	企业所得税												
	个人所得税												
	其他												
	净利润												

注：对于"所得税"项目的填写，有限责任公司填写"企业所得税"，个体工商户、个人独资企业、农民专业合作社和合伙企业填写"个人所得税"，实行定额定率征收的企业填写"其他"。

实践 31 制订你的企业现金流量计划

单位：元

项目	金额	月/季/年											合计
	月初现金												
现金流入	现金销售												
	赊账销售贷款												
	企业主（股东）投入												
	现金流入合计												
	可支配现金												
现金流出	现金采购												
	赊账采购												
	包装费												
	薪金和工资												
	租金												
	促销费												
	保险费												
	维修费												
	水电费												
	电话费												
	宽带费												
	办公用品购置费												
	贷款本息												
	税金												
	投资（列出项目）												
	现金流出合计												
	月底现金												

实践 32 你做好开业准备了吗

问题	你的评价	
	是	否
（1）你已确定你所出售的产品或提供的服务了吗？		
（2）你知道你的顾客是谁吗？		
（3）你了解潜在顾客怎样看待你的产品或服务吗？		
（4）你知道你的竞争对手的产品或服务的价格吗？		
（5）你知道你的竞争对手的优势和不足吗？		
（6）你预测过自己的销售量吗？		
（7）你制定好产品或服务的销售价格了吗？		
（8）你选择好营业地点了吗？		
（9）你决定所使用的促销方式了吗？		
（10）你知道自己的促销需要多少钱吗？		
（11）你已经选定你的企业法律形态了吗？		
（12）你决定需要什么样的雇员了吗？		
（13）你知道雇用员工的法律责任吗？		
（14）你知道对你的企业的所有法律要求吗？		
（15）你知道你的企业需要什么样的营业执照和办理什么样的许可证吗？		
（16）你知道办理营业执照和许可证需要多少钱吗？		
（17）你决定你的企业购买哪种保险了吗？		

续表

问题	你的评价	
	是	否
（18）你知道购买保险需要多少钱吗？		
（19）你预测第一年的销售量了吗？		
（20）你预测第一年的销售收入了吗？		
（21）你制订第一年的销售与成本计划了吗？		
（22）你的销售与成本计划中是否表明第一年能够获得利润？		
（23）你制订现金流量计划了吗？		
（24）你的现金流量计划中是否表明你所经营企业的资金可以实现良性循环？		
（25）你计算过开办企业所需要的启动资金数额吗？		
（26）你为企业筹集到所有的启动资金了吗？		
（27）如果你计划申请贷款，你预测过可用于担保的资产价值吗？		
（28）你是否对开办自己的企业有足够的信心？		

计算一下，在"你的评价"中有多少个"否"，然后看下表的内容。

"否"的数量	给你的反馈意见
0	你准备得很好，你可以开办自己的企业。下一步，你要做好开办企业的工作计划
1~10个	你应该回到创办企业的准备步骤中去，并在需要改进的地方下些功夫
10个以上	目前你开办企业的风险较大，如果你仍然想开办企业，你应该回过头去从创业的最初阶段重新做准备

实践

实践 33　制订开办企业的行动计划

序号	需要采取的行动	由谁来做	时间安排	执行情况
1				
2				
3				
4				
5				
6				

注：如需要，请加页。